NACH NUTZUNG RE USE

KRAFTWERK ELBE
POWER PLANT ELBE
IN VOCKERODE
HANS HEINRICH MÜLLER
PREIS 2006
VATTENFALL AWARD

HERAUSGEGEBEN
VON HANS ACHIM GRUBE

Inhalt

Contents

Großkraftwerk „Elbe", ehemaliges Werksinternat
Power plant "Elbe", former company boarding school

Nach der Nutzung ist vor der Nutzung!

After Use is before Use!

Hans-Jürgen Meyer
Vattenfall Europe AG, Vorstand Finanzen

Hans Achim Grube
Vattenfall Europe AG, Leiter Immobilien

Die Vattenfall Europe AG hat 2006 bereits zum vierten Mal den Wettbewerb zum Hans Heinrich Müller Preis ausgelobt, in welchem Architekturstudenten für einen nicht mehr betriebsnotwendigen Industriekomplex Nachnutzungskonzepte entwickeln sollen.
Aufgrund des stetig steigenden Interesses hat sich Vattenfall für den Wettbewerb 2006 entschieden, das Großkraftwerk Vockerode als Thema zu wählen. Da das Kraftwerk Vockerode sowohl von der landschaftsplanerischen Einordnung im Bereich zwischen dem Gartenreich Wörlitz, Dessau und Wittenberg als auch wegen seines gigantischen baulichen Volumens eine besondere Herausforderung für Studenten darstellt, sollte dieses Mal eine besondere Betreuung der Teilnehmer erfolgen.
So hat Vattenfall die Zusammenarbeit mit zehn Hochschulen gesucht, deren Studenten bereits bei vorangegangenen Wettbewerben durch besondere Leistungen positiv aufgefallen waren. Die beteiligten Professoren sollten die notwendige Betreuung gewährleisten und das hohe Niveau der bisherigen Wettbewerbe erhalten. Denn die Wettbewerbsaufgabe ist überaus komplex.
Das Kraftwerk Vockerode wurde 1994 stillgelegt. Seither gab es vielfältige Überlegungen zur Nach- und Umnutzung. Einen besonderen Höhepunkt bildete die Ausstellung „mittendrin – Sachsen-Anhalt in der Geschichte" im Jahr 1998. Das innovative Ausstellungskonzept bezog die räumlichen Potentiale durch eine kreative Wegeführung in die Ausstellung mit ein.
Nach längerer und sehr kontroverser Diskussion wurden 2001 die vier charakteristischen Schornsteine abgerissen, da sie nicht mit einem technisch und wirtschaftlich sinnvollen Aufwand erhalten werden konnten. Demnach bestand weiterhin das Ziel, ein Nachnutzungskonzept für das leerstehende Areal zu finden.

In 2006, Vattenfall Europe AG launched a competition to award the Hans Heinrich Müller Award for the fourth time, once again challenging students of architecture to develop concepts for the follow-up use of a redundant industrial complex.
Due to steadily increasing interest, Vattenfall decided to select the major power station Vockerode as the theme of its 2006 competition. This time the participants received special supervision, for the plant's landscape-architectural setting between the Garden Kingdom Wörlitz, Dessau and Wittenberg and its gigantic architectural volumes meant that Vockerode presented a particular challenge to students.
Vattenfall therefore sought cooperation with ten universities whose students' outstanding achievements in past competitions had made a positive impression. As the task posed was extremely complex, the professors' participation was invited to guarantee the necessary supervision and so maintain the high standards of previous competitions.
The power station Vockerode was shut down in 1994. Since then there have been various ideas for post-operational use or conversion. One high point was the exhibition "mittendrin – Sachsen-Anhalt in der Geschichte" in the year 1998. Its innovative concept incorporated the spatial potentials of the power station, generating a creative system of paths through the exhibition.
After long and very controversial discussion, the four characteristic chimneys were demolished in 2001. Their maintenance would have called for unreasonable technical and economic expenditure. However, the intention is still to find a concept of post-operational use for the vacant plant.

After use is before use?

How to prevent architectural monuments standing empty; this is one of the great challenges in conservation work today. It is particularly relevant in economically difficult times with stagnating or sinking population figures and shrinking cities, and it is particularly true of industrial or technical monuments that have already lost their original function and economic basis during phases of dramatic change.

Großkraftwerk „Elbe", Ansicht von Südost
Power plant "Elbe", view from the South East

Nach der Nutzung ist vor der Nutzung?

Die Vermeidung von Denkmalleerständen zählt zu den großen konservatorischen Herausforderungen der Gegenwart. Das gilt gerade in Zeiten konjunktureller Schwierigkeiten, stagnierender oder sinkender Einwohnerzahlen sowie schrumpfender Städte und insbesondere für Industrie- und Technikdenkmale, die in Phasen dramatischer Veränderungen ihre angestammte Funktion und wirtschaftliche Basis bereits eingebüßt haben.

Der Energieversorger Vattenfall Europe hat sich in den letzten Jahren auf dem Gebiet eines denkmalverträglichen Immobilienmanagements einen besonderen Namen gemacht. Die rechtzeitige und partnerschaftliche Erarbeitung gemeinsamer Erhaltungs- und Entwicklungskonzepte für disponible Denkmalbestände haben Vattenfall Europe und vor allem die Berliner Denkmalbehörden inzwischen unter dem Motto „Elektropolis" zu einer Art Markenzeichen der Kooperation und Gemeinschaftsproduktion in Sachen Immobilien- und Denkmalmarketing entwickelt. Sie bieten der Eigentümerin sowie kauf- und investitionswilligen Interessenten frühzeitig Planungs- und Investitionssicherheit und den Konservatoren eine belastbare Erhaltungs- und Nutzungsperspektive für einen überregional bedeutenden und differenzierten Industriedenkmalbestand. Inzwischen haben leerstehende Baudenkmale der Berliner Stromversorgung als „Locations" für temporäre Zwischennutzungen Kultstatus erlangt und in der Bau- und Immobilienbranche einen guten Klang als attraktives und steuerlich begünstigtes Marktsegment erhalten.

Die vielfältigen Initiativen von Vattenfall Europe wirken über konkrete Maßnahmen zur Nachnutzung und Nachrüstung eigener leerstandsbedrohter Denkmalobjekte hinaus. Sie fördern das grundsätzliche Verständnis für eine Strategie der erneuernden Konservierung oder erhaltenden Konversion von funktionslosen denkmalgeschützten Bau- und Technikimmobilien. Mit dem Hans Heinrich Müller Preis legt das Energieversorgungsunternehmen Vattenfall Europe Bekenntnis zur Pflege der Bau- und Denkmalkultur ab. Die Resonanz, auf die die Ausschreibung in den einschlägigen Hochschulen stieß, und die 100 studentischen Wettbewerbsbeiträge, die für die ausgesprochen komplexe und

In recent years, the energy provider Vattenfall Europe has made a name for itself as a property manager concerned to fulfil the demands generated by the regulations for the preservation of monuments. Timely, cooperative design of concepts for the preservation and development of existing, disposable monuments has made Vattenfall Europe and especially the authorities for the protection of monuments in Berlin – adopting the motto "Electropolis" – into something like a brand name for the collaborative, productive marketing of historical properties and monuments. For the owner, as well as for those interested in investing or buying, this provides early security with respect to planning and investment. It also gives the conservators a stable perspective for the preservation and usage of a highly differentiated, nationally significant group of industrial monuments. Empty architectural monuments belonging to the Berlin energy provider have attained almost cult status as "locations" for temporary, interim usage. They have also developed a good reputation as an attractive segment of the building and property market – and one that promises tax advantages.

Vattenfall Europe's diverse initiatives have made an impact beyond concrete measures for the follow-up use and refitting of their own architectural monuments threatened by vacancy. They also promote basic understanding for a strategy to renew, conserve or convert redundant but listed architectural and technological objects. The Hans Heinrich Müller Award expresses Vattenfall Europe's commitment to the preservation of architectural culture and its monuments. The response to the competition launch in the relevant universities and colleges, and the 100 competition entries received from students tackling this extremely complex and complicated assignment have been a clear confirmation for all those involved. In this way, they have been encouraged to continue the initiated approach of "conservational work with the younger generation".

Especial thanks are due to the student competitors for their intense, imaginative work on the demanding design task, and to the participating colleges and lecturers for their obviously competent and motivating supervision.

Großkraftwerk „Elbe", Fassade des Einlaufbauwerks
Power plant "Elbe", façade of the in-feed building

auch komplizierte Aufgabenstellung eingingen, stellen sicher für alle Beteiligten eine Bestätigung und Ermutigung dar, auf dem eingeschlagenen Weg der „konservatorischen Nachwuchsarbeit" fortzuschreiten.
Den studentischen Wettbewerbsteilnehmern gebührt besonderer Dank für ihre sehr intensive und auch ideenreiche Bearbeitung der anspruchsvollen Entwurfsaufgabe und den beteiligten Hochschulen und Hochschullehrern für ihre offenkundig kompetente und motivierende Betreuung.
Für das Kraftwerk Vockerode bedeutet dieser Wettbewerb eine vielleicht letzte Chance zur Nachnutzung. Denn nachdem der Komplex nicht mehr auf der Denkmalliste steht, bieten sich nunmehr im Wesentlichen folgende Alternativen.

1. Entwicklung eines technisch und wirtschaftlich sinnvollen Nachnutzungskonzeptes

2. Selektive Teilnutzung und strukturierter Rückbau (Teilabriss)

3. Abriss und Renaturierung

Vattenfall wird die Alternativen verantwortungsvoll prüfen. Die bisher vor allem in Berlin erfolgten Um- und Nachnutzungen von stillgelegten Kraftwerken geben Anlass zur Hoffnung, dass mit entsprechender Unterstützung und geeigneten Partnern auch für das Kraftwerk Vockerode eine sinnvolle Nachnutzung gefunden werden kann.

For the power station Vockerode, this competition represents what may be a final chance for follow-up usage. Essentially, now that the complex is no longer a listed building, only the following alternatives remain:

1. Development of a technically and economically feasible concept for follow-up use

2. Selective, partial usage and structured dismantling (partial demolition)

3. Demolition and renaturisation

Vattenfall will take a responsible look at the alternatives. Previously implemented conversions and re-usage of shut-down power stations, particularly in Berlin, give cause to hope that – with corresponding support and suitable partners – a meaningful post-operational use may also be found for the power station Vockerode.

Großkraftwerk „Elbe", Ostgiebel
Power plant "Elbe", east gable

Letzte Chance für das Großkraftwerk „Elbe"?

Last Chance for the Large-Scale Power Plant "Elbe"?

Hans Achim Grube
Vattenfall Europe AG

Heizwerk „Friedrichshain", Szeneclub „Berghain"
"Friedrichshain" heating plant, trend club "Berghain"

Es ist schon eine bemerkenswerte Entwicklung: Vattenfall Europe lobt einen Studentenwettbewerb zur Entwicklung von Zukunftsideen zum Erhalt des vermeintlich denkmalgeschützten Großkraftwerkes „Elbe" in Vockerode aus. Das Unternehmen versucht, ideelle Unterstützung bei den Nachbarn zu finden. Das Bauhaus Dessau winkt ab. Das Gartenreich Wörlitz hat kein Interesse. Der Kultusminister von Sachsen-Anhalt, der von Vattenfall Europe gebeten wurde, die Schirmherrschaft für den Wettbewerb zu übernehmen, lehnte strikt ab und bot stattdessen sogar Hilfe beim Abriss des Komplexes an. Trotz fehlender Unterstützung hielt Vattenfall am Wettbewerb fest, denn die Erfahrungen der vergangenen Jahre, insbesondere in Berlin, in Zusammenhang mit dem Erhalt historischer Industriebauten gaben Anlass zur Hoffnung, dass vielleicht auch für das Kraftwerk in Vockerode noch ein Erhaltungskonzept entwickelt werden könnte.

Die seit 2003 zum Vattenfall Konzern gehörende Bewag AG & Co. KG, heute Vattenfall Europe Berlin AG & Co. KG, hat seit 1998 ein aktives Denkmal- und Denkmalmarketingkonzept entwickelt und sehr erfolgreich umgesetzt. Nachdem ursprünglich vor allem die denkmalgeschützten Abspannwerke des ehemaligen Bewag-Architekten Hans Heinrich Müller, der jetzt auch Namensgeber für den Hans Heinrich Müller Preis ist, im Fokus standen, hat sich in den letzten Jahren das Betrachtungsspektrum auch auf frühere Energieerzeugungsanlagen erweitert, denn die alten Abspannwerke hatten sich zum immobilienwirtschaftlichen Erfolgsprodukt entwickelt. Dank konstruktiver Zusammenarbeit der Eigentümerin, des Landesdenkmalamtes Berlin, insbesondere in Person des Landeskonservators Professor Dr. Jörg Haspel, und freier Architekten, hier vor allem Professor Dr. Paul Kahlfeldt und dessen Büro Kahlfeldt Architekten, waren zwischen 1998 und 2006 viele leer stehende Großabspannwerke erfolgreich umgenutzt worden. So wurden das AW „Leibniz" für die Meta-Design AG (1998–2001), das AW „Kottbusser Ufer" für die ID-Media AG und eine zusätzliche gastronomische Nutzung (1999–2001) sowie das AW „Humboldt" für das Vitra Design Museum und weitere Ausstellungsprojekte (2001–2004) umge-

It is certainly a remarkable development: Vattenfall Europe announces a student competition to invite concepts for the future preservation of a supposedly listed building – the large-scale power plant "Elbe" in Vockerode. The concern attempts to find notional backing from neighbours. It is waved aside by Bauhaus Dessau. The Garden Kingdom Wörlitz is not interested. The Minister of Culture of Saxony-Anhalt, asked by Vattenfall Europe to take on the patronage of the competition, strictly refused and instead offered assistance with the demolition of the complex. But Vattenfall held fast to the competition despite this lack of support. Positive experience with the preservation of historical industrial buildings during past years – especially in Berlin – gave rise to hopes that a preservation concept might still be developed for the power station in Vockerode.

Since 2003, Bewag AG & Co. KG has belonged to the Vattenfall concern, now Vattenfall Europe Berlin AG & Co. KG, and it has been developing and successfully realising an active monument and monument-marketing concept since 1998. After an initial focus on listed transformer works designed by the former Bewag architect Hans Heinrich Müller – hence the name Hans Heinrich Müller Award –, the spectrum considered in recent years has extended to former energy producing plants. The old transformer works, meanwhile, have developed into a successful product on the property market. Due to constructive collaboration between the owners, the State Office for the Protection of Monuments in Berlin – specifically in the person of the state conservator Professor Dr. Jörg Haspel – and independent architects – in particular Professor Dr. Paul Kahlfeldt and his office Kahlfeldt Architekten –, many vacant transformer works were successfully adapted for new usage between 1998 and 2006. The "Leibniz" transformer works, for example, were converted for the Meta-Design AG (1998–2001), the TW "Kottbusser Ufer" for the ID-Media AG and a restaurant (1999–2001), and the TW "Humboldt" for the Vitra Design Museum and further exhibition projects (2001–2004). These were followed by the conversion of the TW "Buchhändlerhof" (electricity works) for SPM (now SAP) and various events areas (2001–2005), the TW "Marienburg"

Kraftwerk „Schiffbauerdamm"
Power plant "Schiffbauerdamm"

baut. Ferner folgte die Umnutzung des AWs „Buchhändlerhof" (E-Werk) für SPM, heute SAP, und diverse Veranstaltungsräume (2001–2005), des AWs „Marienburg" für Pinguin Druck, Orange Architekten und andere (2002–2006) und abschließend des AWs „Scharnhorst", Sellerstraße für Vattenfall Europe Berlin AG & Co. KG, Vertriebszentrum (2004–2006).
Ausschlaggebend für diese immobilienwirtschaftlichen Vermarktungserfolge waren sowohl die einzigartige und gut erhaltene Backsteinarchitektur als auch die baukonstruktiven Umnutzungsmöglichkeiten und die breite Nutzungsvielfalt verschiedener Raumgrößen und -höhen. Nachdem Bewag/Vattenfall Europe solch einen Markt für denkmalgeschützte Abspannwerke geschaffen hatte, deren Nachfrage erfreulicherweise auch nur Vattenfall in einer „unique selling position" erfüllen konnte, sollten daraufhin auch Vermarktungsmöglichkeiten für nicht mehr betriebsnotwendige ehemalige Kraft- und Heizwerke entwickelt werden. Für dieses Vorhaben gibt es ein großes internationales Vorbild: Tate Modern im ehemaligen Kraftwerk „Bankside Power Station" in London. Leider standen den Berliner Kraftwerksprojekten keine dreistelligen Millionenbeträge für den Umbau zur Verfügung. Im Gegenteil: Die Konzepte mussten aus sich selbst heraus wirtschaftlich amortisierbar sein. Ausschlaggebend für die ersten Vermarktungserfolge war neben der prägnanten Industriearchitektur und den attraktiven Räumlichkeiten auch die spezifische städtebauliche Lage.

Fernsehstudios im Kraftwerk „Schiffbauerdamm"

Das viertälteste Berliner Kraftwerk, errichtet 1889–1890, wurde 1998/99 zum Standort für den Fernsehsender RTL und die Nachrichtenagentur Reuters ausgebaut. Besonders die direkte Nachbarschaft zu den Gebäuden des Deutschen Bundestages und der Bundesregierung gab für diese Standortentscheidung den Ausschlag. Gelungen sind hierbei ein umfangreicher Erhalt der historischen Bausubstanz und ein wesentlicher Beitrag zur Wiedernutzbarmachung eines ehemaligen Industriestandortes.

for Pinguin Druck, Orange Architekten and others (2002–2006), and finally the TW "Scharnhorst", Sellerstraße for the distribution and sales centre of Vattenfall Europe Berlin AG & Co. KG, (2004–2006).
These property marketing successes were due to a number of decisive factors; the unique, well-preserved brick-built architecture, the constructive possibilities for post-closure use, and space with a wide range of sizes and heights, facilitating great diversity of usage. Bewag/Vattenfall Europe had thus created a market for listed transformer works, the demand for which, fortunately, only Vattenfall with its "unique selling position" could meet. Subsequently, the intention was to develop marketing opportunities for redundant former power stations and heating plants. There was a splendid international model for this project: Tate Modern in the former "Bankside Power Station", London. Unfortunately, hundreds of millions in funding were not available for Berlin's power station conversion projects. On the contrary, the concepts had to be economically viable in themselves. The decisive factor in the first marketing successes – in addition to the striking industrial architecture and attractive spatiality – was the properties' specific urban developmental location.

Television studios in the power plant "Schiffbauerdamm"

The fourth oldest Berlin power station, built in 1889–1890, was converted as a location for the TV channel RTL and the news agency Reuters in 1998/99. The decisive factor in choosing this location was its direct proximity to the buildings of the German Parliament and the Federal Government. The planners succeeded in largely preserving the existing architectural substance and made an essential contribution to the follow-up usage of a former industrial site.

Heizwerk „Mitte", Luftaufnahme, 1966
Heating plant "Mitte", aerial view, 1966

Berghain im Heizwerk „Friedrichshain"
Einen weiteren Meilenstein der Immobilienverwertung stellt die erfolgreiche Umnutzung des ebenfalls denkmalgeschützten ehemaligen Heizwerks „Friedrichshain" dar. Der Gebäudekomplex wurde in den 50er Jahren des 20. Jahrhunderts als Heizwerk für die Wärmeversorgung im Rahmen des Wiederaufbaus der ehemaligen Stalinallee errichtet. Nach der Stilllegung 1985 standen davon große Teile jahrelang leer. 2002/03 suchten die Veranstalter des Szeneclubs OstGut nach neuen Räumen, da die Deutsche Bahn das vormals genutzte Gelände für den Bau einer Mehrzweckhalle vorbereitete. Bewag und OstGut-Betreiber entwickelten gemeinsam ein wirtschaftliches Nutzungskonzept für das ehemalige Heizwerk. Mit Abschluss eines langjährigen Mietvertrages waren die Voraussetzungen geschaffen, die notwendigen Investitionen in die Sanierung, Modernisierung und Ausstattung als Veranstaltungsort zu realisieren. Insbesondere wurden die notwendigen Treppen und Fluchtwege entsprechend der gesetzlichen Auflagen errichtet und modernste Lüftungs- und Versorgungstechnik eingebaut. Im ehemaligen Maschinenhaus ist ein für Berlin einmaliger Veranstaltungsort entstanden. In der nächsten Stufe sollen das Kesselhaus und die angrenzenden Gebäude saniert werden.

Tresor im ehemaligen Heizwerk „Mitte"
„Die Legende lebt." Unter diesem Motto könnte man den im Juni 2006 erfolgten Vertragsabschluss für die Umnutzung des alten Kraftwerks „Mitte" verstehen. Nachdem der legendäre Techno-Club Tresor seinen angestammten Standort an der Leipziger Straße verlor, weil das Gebäude einem Neubau weichen musste, wird ab Herbst 2006 der Tresor an neuer Stelle, nämlich im ehemaligen Kraftwerk „Mitte", wieder seine Pforten öffnen. Das Erfolgskonzept soll dabei um weitere Event- und Kulturhöhepunkte erweitert werden.

Fernsehproduktion im alten Kraftwerk „Steglitz"
Auch im alten Kraftwerk „Steglitz" zieht wieder Leben ein, denn: „Nach der Nutzung ist vor der Nutzung." 1999 hatte die damalige

Berghain in the heating plant "Friedrichshain"
A further milestone in property use was the successful conversion of the former heating plant "Friedrichshain", also a listed building. The building complex was built as a heating plant during the reconstruction of former Stalinallee in the 1950s. After closure in 1985, large parts of it were empty for many years. In 2002/03, the organisers of the in-vogue club OstGut were looking for new premises, as the Deutsche Bahn was preparing the site they had previously used to build a multi-purpose hall. Bewag and the operators of OstGut cooperated to develop a financially viable concept to use the former heat supply works. When a long-term rent contract had been concluded, this created the preconditions for the necessary investment to improve, modernise and equip the location as an event centre. In particular, the required staircases and emergency exits were added in accordance with legal stipulations, and modern ventilation and supply technology was installed. An events location quite unique in Berlin has now been developed in the former power house. The next stage of planning involves the restoration of the boiler house and adjacent buildings.

Tresor in the former heating plant "Mitte"
"The legend is alive." The conclusion of the contract for the conversion of the old power station in Mitte, signed in June 2006, might be seen under this motto. The legendary techno-club Tresor lost its traditional location on Leipziger Straße when it had to make way for new building. As from autumn 2006, however, the Tresor will be opening its doors again in the former power station "Mitte". The successful concept is to be supplemented by further rooms for events and cultural highlights.

Television production in the old power plant in Steglitz
Fresh activity is returning to the old "Steglitz" power plant as well, for "After use is before use." In 1999, Bewag – as the concern was then – had student designs for a conversion of the power station Steglitz produced in collaboration with the Technical College Berlin. These are documented in the publication *Elektropolis – Chancen & Visionen*, which served as a foundation for marketing along with other documentations of the architectural history published by Vattenfall.

Heizwerk „Mitte", Beleuchtung
Heating plant "Mitte", illumination

Bewag gemeinsam mit der Technischen Fachhochschule Berlin Studienarbeiten zur Umnutzung des Kraftwerks Steglitz erstellen lassen, welche in der Publikation *Elektropolis – Chancen & Visionen* dokumentiert sind. Diese Publikation diente ebenso wie die anderen von Vattenfall herausgebrachten bauhistorischen Dokumentationen als Vermarktungsgrundlage. Ab Herbst 2006 wird in dem früheren Maschinenhaus eine Fernsehproduktionsgesellschaft einziehen und dort ein populäres Wissenschaftsmagazin für das deutsche Privatfernsehen produzieren. Damit ist ein wesentlicher Teil der denkmalgeschützten Anlage wieder genutzt. Auch das ehemalige Direktorenwohnhaus wird bereits von mehreren Dienstleistungsunternehmen als Bürostandort in Anspruch genommen. Derzeit prüft Vattenfall, ob und wie die ebenfalls stillgelegte, ehemalige Gasturbinenanlage (gebaut 1959) umgenutzt werden könnte. Problematisch ist dabei, dass das Gebäude nicht über eine natürliche Belichtung der Innenräume verfügt.
Die zuvor beschriebenen Vattenfall Projekte befinden sich allesamt in Berlin. Sie sind somit in einem etablierten städtebaulichen Umfeld mit meist guter bis sehr guter öffentlicher Erschließung von Nutzern und für Interessenten wahrnehmbar. In der Dienstleistungs- und Kreativ-Metropole Berlin werden immer wieder neue, unbekannte oder gar verborgene Standorte gesucht, aber es gibt auch in weniger nachgefragten Lagen, in Brandenburg beispielsweise, Erfolgsgeschichten über die Umnutzung von früheren Technikgebäuden der Energieversorgung zu vermelden. So wird das ehemalige, heute denkmalgeschützte Dieselkraftwerk Cottbus von Anderhalten Architekten, Berlin für die Brandenburgischen Kunstsammlungen ausgebaut.

Das historische Dieselkraftwerk wird zum Museum für zeitgenössische Kunst

Aus dem Landschaftsraum des Goetheparks nähern sich die Besucher dem neuen Haus der Kunst. Die expressive Architektur des 1927 von Werner Issel erbauten Dieselkraftwerks ist zukünftig wieder in ihrer gesamten Gestaltungswirkung präsent. Die

As from autumn 2006, a television production company will be moving into the former power house, where it will produce a popular science magazine programme for German private television. A considerable part of the listed plant will be used again as a consequence. The former director's house is already being used as offices by several service providers. At present, Vattenfall is considering whether and how the former gas turbine plant (built in 1959 and long redundant) could also be converted. The problem with this project is that currently the interior of the building has no natural light.
The Vattenfall projects described to date are all in Berlin. As such, they are in established urban surroundings – usually with good to very good public access for users, and already familiar to those who may be interested in investment and development. In Berlin – a metropolis of service providers and creative industries – there is always a demand for new, unknown or even hidden locations. However, there are also success stories with respect to the post-closure use of former electricity supply works in less popular locations in Brandenburg. For example, the former diesel power station Cottbus, now a listed building, is being developed for the Art Collections of Brandenburg by Anderhalten Architekten, Berlin.

The historical diesel power plant becomes a museum for contemporary art

Visitors approach the new art building through the landscape of the Goethe Park. In future, it will again be possible to appreciate the full impact of this diesel power plant and its expressive architecture, designed by Werner Issel in 1927. The entrance hall is planned as a reduced intervention in a striking position, so representing a visible sign of altered usage. This new entrance is a transparent, glass volume that enters into dialogue with the massive structure of the power station. The form and proportions of the cubic structure are based on the old building, and it fits harmoniously into an existing recess in the power station's façade. The main axes of the building overlap in the area of the present inner courtyard, which is roofed over. In future, the entrance hall

Anderhalten Architekten: Dieselkraftwerk „Cottbus", neuer Eingang
Anderhalten Architekten: Diesel power plant "Cottbus", new entrance

Anderhalten Architekten: Dieselkraftwerk „Cottbus", Foyer
Anderhalten Architekten: Diesel power plant "Cottbus", foyer

Eingangshalle wird als reduzierter Eingriff an markanter Position ausgeführt und bildet das sichtbare Zeichen der veränderten Nutzung. Dieser neue Eingang tritt als transparenter, gläserner Körper mit dem massiven Kraftwerksbau in Dialog. Der kubische Baukörper ist in Form und Proportion dem Altbau entlehnt und fügt sich harmonisch in den Rücksprung der Kraftwerksfassade ein. Die Hauptachsen des Gebäudes überlagern sich im Bereich des heutigen Innenhofes, der überdacht wird und zukünftig als Eingangshalle das Zentrum und den eigentlichen Schwerpunkt der Gesamtanlage bildet. Von der Halle aus werden die Bereiche der Serviceebene wie Information und Kasse, Buchladen, Blackbox, Vortragssäle und Café erschlossen. Über eine großzügige Treppe und einen Personenaufzug stehen die Ausstellungsebenen der Obergeschosse mit der Eingangshalle in direkter Verbindung.

Nach der Nutzung ist vor der Nutzung!
Die vorstehenden Beispiele belegen, dass es Chancen für, wenn nicht sogar Bedarf an Flächen gibt, wie sie in ehemaligen Gebäuden der Energieerzeugung und Energieverteilung vorhanden sind. Gilt dies auch für Vockerode? Nach der Nutzung ist vor der Nutzung? Dass das Kraftwerk Vockerode ein erhebliches Nachnutzungspotenzial hat, wurde bereits mehrfach belegt. Von Mai bis September 1998 fand im Kraftwerk die Ausstellung „mittendrin – Sachsen-Anhalt in der Geschichte" statt. Der damalige Ministerpräsident Herr Dr. Reinhard Höppner schrieb seinerzeit im Grußwort: „Dies ist die ungewöhnlichste Ausstellung, die unser Land bisher erlebt hat. Ein stillgelegtes Kraftwerk wird zum musealen Ausstellungsort der 1000-jährigen Geschichte unseres Landes. In zwölf ehemaligen Verbrennungskesseln sind Exponate vom Ottonischen Reich über Martin Luthers Reformation bis hin zum ‚Bitterfelder Weg' zu beschauen. Warum dieser Ausstellungsort? Warum dieser Industriegigant und nicht eines unserer schönen Schlösser? Wer nach Vockerode kommt, wird diese Frage nicht mehr stellen. Sie und er werden fasziniert sein von der Größe des Kraftwerks und seinen ungewöhnlichen Räumen, tatsächlich eine ‚Kathedrale der Arbeit'. Erstmals kann

will form the centre and the actual focus of the overall complex. The areas on the service floor, such as information and ticket desk, bookshop, black-box, lecture halls and café, are accessed from this hall. There are direct links between the entrance hall and the exhibition levels of the upper floors via a wide staircase and lift.

After use is before use!
These examples indicate that there are chances, and perhaps even a need for space like that available in former energy production (power stations and heat supply plants) and distribution buildings (transformer works). Is this also applicable to Vockerode? After use is before use? There have already been several indications that the power plant Vockerode has considerable potential for post-closure use. From May to September 1998, the exhibition "mittendrin – Sachsen-Anhalt in der Geschichte" took place in the power station. The Minister President at the time, Dr. Reinhard Höppner, wrote in his welcoming speech: "This is the most unusual exhibition ever experienced by our state. A shut-down power plant has become the location for an exposition showing the 1000-year history of our state. In twelve former combustion boilers, it is possible to gaze upon exhibits dating from the Ottonian Empire, to Martin Luther's Reformation, to the 'Bitterfelder Weg'. Why this location for an exhibition? Why this industrial giant and not one of our beautiful palaces? Those who actually come to Vockerode will no longer pose that question. They will be fascinated by the size of the power station and its unusual spatiality; certainly a 'cathedral of labour'. For the first time, every citizen can enter a place where energy was produced with formidable noise, stink and human effort not so very long ago. One finds oneself 'right at the centre' of the contradictions that defined our state; for the skeletons of the declining industrial world belong to Saxony-Anhalt as much as Wörlitz Park, the royal courts or the world-famous Bauhaus."
From July to October 1999, a second exhibition "unter Strom – Energie, Chemie und Alltag in Sachsen-Anhalt, 1890–1990" then took place in the context of Expo 2000. In 2006, the Gregor

Anderhalten-Architekten: Dieselkraftwerk „Cottbus"
Anderhalten-Architekten: Diesel power plant "Cottbus"

jeder Bürger einen Ort begehen, wo noch vor kurzem mit viel Lärm, Gestank und Menschenkraft Energie erzeugt wurde. Man ist wirklich ‚mittendrin' in Gegensätzen, die unser Land bestimmten. Denn die Skelette der untergehenden industriellen Welt gehören ebenso zu Sachsen-Anhalt wie der Wörlitzer Park, der Kaiser- und Königshof oder das weltberühmte Bauhaus."
Von Juli bis Oktober 1999 fand eine zweite Ausstellung „unter Strom – Energie, Chemie und Alltag in Sachsen-Anhalt, 1890–1990" im Rahmen der Expo 2000 statt. 2006 inszenierte die Gregor Seyffert Compagnie Dessau das am 2. Juni 2006 uraufgeführte Tanzstück *Marquis de Sade* im Kraftwerk Vockerode. An drei verschiedenen Spielorten innerhalb des riesigen Kraftwerkskomplexes wurde das Leben des Marquis de Sade dargestellt. Derzeit wird geprüft, ob das Stück auch im Sommer 2007 nochmals am selben Ort inszeniert werden kann.
Natürlich sind auch für solche temporären Projekte zum Teil erhebliche finanzielle Mittel für die Nutzbarmachung des ehemaligen Industriekomplexes aufzuwenden. Vattenfall hat sich hier stets engagiert. Der nun ausgelobte Studentenwettbewerb soll Überlegungen für einen längerfristigen Erhalt fördern, denn das Kraftwerk ist nur mit einer oder mehreren Nutzungen, die wirtschaftlich und technisch umzusetzen sind, zu erhalten. Die abgegebenen Arbeiten zeigen ein breites Spektrum von Nutzungsvarianten. Manche Ideen sind sehr innovativ und viele der Lösungsansätze zielen auf Ausstellungskonzepte oder andere kulturelle Nutzungsmöglichkeiten. Vattenfall wird den Wettbewerb auswerten und versuchen, insbesondere Finanzpartner für die Umsetzung des einen oder anderen Konzepts zu finden. Realistischerweise kann man von einer Investitionsnotwendigkeit von mindestens einigen Millionen Euro ausgehen, die sich wiederum mittelfristig amortisieren müssen. Die Zeit drängt. Das Land Sachsen-Anhalt präferiert weiterhin den Rückbau des Komplexes, ebenso einige der prominenten Nachbarn. Vattenfall hofft nunmehr auf umsetzbare Nachnutzungskonzepte, denn der Abriss wäre nur der letzte Schritt, um das immer größer werdende Kostenproblem für Erhaltung von Dach und Fach zu lösen.

Seyffert Compagnie Dessau staged the dance performance *Marquis de Sade*, premiered on 2nd June 2006, in the power plant Vockerode. The life of the Marquis de Sade was shown in three different locations within the huge complex of the power plant. Currently, there are discussions as to whether the piece can be staged again in the same setting during the summer of 2007.
Of course, even for such temporary projects, considerable funds must be spent making the former industrial complex suitable for the purpose. Vattenfall has always been committed to this. The student competition now launched is intended to promote ideas for a longer-term preservation of the site, as the power plant can only be saved by one or several economically and technically viable uses. The submitted works demonstrate a wide spectrum of possible usage. Some ideas are very innovative, and many of the starting points aim at exhibition concepts or other cultural uses. Vattenfall will evaluate the competition and in particular, it will attempt to find financial partners to help realise one or other of the concepts. Realistically, one may assume that there is a need to invest at least several million Euros, which will have to amortise themselves in the mid term. Time is pressing. The state of Saxony-Anhalt continues to prefer the demolition of the complex, as do some of its prominent neighbours. Vattenfall is now hoping for realisable concepts for post-closure use, for demolition would be the last resort; the only way to solve the increasing problem of costs to maintain the roof and structure.
This documentation is an impressive testimony to the building complex's potential, and Vattenfall would like to express its thanks to all those who have contributed to the successful realisation of the competition. The participating universities and colleges, their lecturers, and above all their committed students have provided valuable contributions to the current debate on the preservation of the large-scale power plant "Elbe" in Vockerode. The jury of university lecturers and representatives of Vattenfall discussed the submitted works keenly, evaluated them according to several different categories – handling of the existing building, concept for use, feasibility, possible financial viability and embedding in the surroundings – and divided them into

Großkraftwerk „Elbe", Ansicht von Westen
Power plant "Elbe", view from west

Die vorliegende Dokumentation zeigt eindrucksvoll das Potenzial des Gebäudekomplexes und Vattenfall bedankt sich bei allen, die zu der so erfolgreichen Durchführung des Wettbewerbes beigetragen haben. Die teilnehmenden Hochschulen, die Hochschullehrer und vor allem die engagierten Studenten haben wertvolle Beiträge zur laufenden Erhaltungsdebatte für das Großkraftwerk „Elbe" in Vockerode geliefert. Die Jury aus Hochschullehrern und Vertretern von Vattenfall hat die abgegebenen Arbeiten intensiv diskutiert und nach den verschiedenen Kriterien Umgang mit der Bausubstanz, Nutzungskonzept, Realisierbarkeit, mögliche Finanzierbarkeit und Einbindung in das Umfeld bewertet sowie in Gruppen aufgeteilt. Diese Dokumentation soll nun die Grundlage für weitere Überlegungen zum Standort bilden, denn nach der Nutzung könnte vor der Nutzung sein!

Bedanken wollen sich die Auslober ebenso bei Laufwerk B, Ulrike Meinhold und Thorsten Dame, den Mitarbeitern der Biq, die mit viel Engagement das Rückfragenkolloquium und die Führungen am Standort organisiert haben. Prof. Dr. Paul Kahlfeldt, Universität Dortmund, hat in bewährter Weise die Preisgerichtssitzung geleitet. Rüdiger Schmidt, als Bürgermeister in Vockerode und Regionalleiter der Biq vor Ort, hat durch sein herausragendes Engagement erst erreicht, dass Vattenfall 2006 das Kraftwerk Vockerode als Wettbewerbsthema wählte. Das vorliegende Ergebnis zeigt, dass sich das Engagement aller gelohnt hat.

groups. With this documentation, we intend to build a foundation for further ideas regarding the location, for after use could be before use!

The prize endowers would also like to thank Laufwerk B, Ulrike Meinhold and Thorsten Dame, the colleagues of Biq, who showed great commitment in their organisation of the enquiries colloquium and many tours on the site. Prof. Dr. Paul Kahlfeldt from the University of Dortmund approvedly directed the jury session. We are also most grateful to Rüdiger Schmidt, the mayor of Vockerode and regional director of Biq on the spot, whose outstanding commitment first motivated Vattenfall to choose Vockerode as the competition theme for 2006. The results presented in this publication show that all these people's commitment has proved more than worthwhile.

Großkraftwerk „Elbe", Bauzustand 1958
Power plant "Elbe", construction level 1958

Das Großkraftwerk „Elbe" in Vockerode

The Large-Scale Power Plant „Elbe" in Vockerode

Schwarzplan von Vockerode mit rot gekennzeichneten Kraftwerksbauten
As-built plan of Vockerode with power station buildings marked in red

Thorsten Dame
Laufwerk B

Der Einsatz der Drehstromtechnik machte es möglich, Kraftwerke am Stadtrand anzulegen, die zuvor aufgrund von Leitungsverlusten in der Gleichstromerzeugung auf die unmittelbare Lage im Versorgungsraum angewiesen waren. Mit dieser technischen Neuerung und durch die Erschließung ländlicher Gebiete wurde für die Elektrizitätsversorgung die Ausweitung des Lieferraums auch wirtschaftlich interessant, der sich bis dahin auf einen örtlich fest umgrenzten, zumeist städtischen Abnehmerkreis beschränkte.

Infolge der Einführung der Drehstromtechnik und leistungsfähigerer Dampfturbinen errichteten die Elektrizitätsgesellschaften seit dem Ende des 19. Jahrhunderts große Kraftwerke auf günstigen, zum schrittweisen Ausbau geeigneten Flächen außerhalb der Ballungszentren und belieferten über ein sukzessiv ausgebautes Versorgungsnetz Städte und Landgemeinden gleichermaßen mit elektrischem Strom.

Durch diese Entwicklung wurde die bis dahin übliche lokale Bindung der Energieversorgung vielerorts aufgehoben. So wurden auf dem Gebiet des heutigen Sachsen-Anhalts in den Jahren 1906–1908 an Stelle kleinerer Werke zur örtlichen Versorgung leistungsstarke Überlandzentralen und Verbundnetze gebaut; dadurch konnte eine neue Versorgungsstruktur geschaffen und die Elektrifizierung des ländlichen Raums vorangetrieben werden.

Die AEG, die sich seit ihrer Gründung zu einem weit diversifizierten Unternehmen der Elektrizitätswirtschaft entwickelt hatte, projektierte 1913 in Golpa-Zschornewitz, in der Nähe der Braunkohlefelder, ein erstes Großkraftwerk zur Elektrizitätsversorgung der hochindustrialisierten Region um Bitterfeld und zur Fernstromversorgung von Berlin. Die Wirtschaftlichkeitsberechnungen, die die Kraftwerksbetreiber hinsichtlich der Erschließung der Braunkohlevorkommen in Mitteldeutschland anstellten, gaben an, dass der Transport der kalorisch minderwertigen Braunkohle zu entfernt gelegenen Kraftwerken kostenaufwendiger sein würde als die Verstromung der Kohle vor Ort und die Weiterleitung der Energie über Freileitungen in die Verbrauchszentren.

The introduction of technology for three-phase electric current made it possible to build power stations on the periphery of cities. Previously, they had been dependent on direct location within the area to be supplied, due to power line losses inherent in the production of direct current. This technical innovation and the development of rural areas made the extension of distribution into an economically interesting prospect for the electricity providers; up until then, supply had been restricted to a limited, generally urban circle of customers.

Following the introduction of three-phase current and more efficient steam turbines, from the end of the 19th century onwards, the electricity companies built large power stations on cheap sites outside the urban conglomerations; land suited to step-by-step development. From here, they provided electrical current for towns and rural communities via a successively developed supply grid.

This development meant that the once customary local restrictions on energy supply were abolished in many places. In the area of today's Saxony-Anhalt, for example, highly efficient overland centres and combined grids were constructed in the years 1906–1908, replacing the smaller power stations that had provided local supplies. In this way, it became possible to create a new supply structure and advance the electrification of rural areas.

The AEG had developed into a widely diversified electricity concern since its foundation. In 1913, it planned its first large-scale power plant in Golpa-Zschornewitz, near to the lignite mining areas, to provide electricity in the highly industrialised region around Bitterfeld and a long-distance supply to Berlin. The power plant operators based their calculations of economic viability on easy access to lignite deposits in Central Germany; these indicated that the transport of the low-calorie lignite to distant power stations would be more costly than converting the coal into electricity on the spot and transporting this energy to centres of consumption via overhead lines.

At the time, the lignite power plant built at Golpa-Zschornewitz in 1915–1916 was the largest in the world. After its completion,

Großkraftwerk „Elbe", Demontage, 1945–47
Power plant "Elbe", dismantling, 1945–47

Das in den Jahren 1915–1916 in Golpa-Zschornewitz errichtete Braunkohlekraftwerk galt seinerzeit als das größte der Welt und versorgte nach seiner Fertigstellung vornehmlich das in die Kriegsproduktion eingebundene Kalkstickstoffwerk im 25 Kilometer entfernten Piesteritz. Als im Jahr 1917 durch die Explosion in einer Sprengstofffabrik ein wichtiger Großabnehmer des Kraftwerks ausfiel, wurde noch im selben Jahr mit der Errichtung einer Fernleitung in das 132 Kilometer entfernte Berlin begonnen, um den in Golpa-Zschornewitz anfallenden Leistungsüberschuss zur Versorgung der Großstadt einzusetzen.
In jener Zeit führte man das Werk als eines von mehreren möglichen Großkraftwerken an, die im Netzverbund arbeiten und somit eine zentralisierte Fernstromversorgung erlauben würden. Zukünftig sollte der Strom von staatseigenen Großkraftwerken, die in den vier Kohlebezirken Deutschlands (Essen, Saarbrücken, Bitterfeld und Kattowitz) aufgestellt sein würden, in ein Verbundnetz eingespeist werden, das alle Versorgungsgebiete in Deutschland erreichen könnte.
Der Erste Weltkrieg und seine Folgen vereitelten zwar diese Pläne zur Verstaatlichung der Stromversorgung, verstärkten jedoch, da die westdeutschen Steinkohlevorkommen als Kriegsreparation wegfielen, die Industrialisierung und den Ausbau der Stromversorgung auf den Braunkohlefeldern Mitteldeutschlands.
Die Elektrowerke Aktiengesellschaft (EWAG), die als Tochterunternehmen der Berliner Elektrizitätswerke (BEW) seit 1915 als Betreiberin des Großkraftwerks Golpa-Zschornewitz auftrat, bald darauf allerdings auf den Staat übertragen wurde, erwarb ab 1919 durch Aktienkäufe weitere Kraftwerke in der Niederlausitzer Region und entwickelte sich durch deren Ausbau innerhalb weniger Jahre zum größten europäischen Stromproduzenten.
Die wirtschaftliche Depression infolge der Weltwirtschaftskrise 1929 traf auch unmittelbar die Elektrowerke, weil die Nachfrage an Kraftstrom zurückging. Einen erneuten Anschub erhielt die deutsche Elektroindustrie erst durch den 1936 in Kraft tretenden Vierjahresplan, der den Ausbau der Rüstungsindustrie und deren Zubringerbetriebe, wie etwa die Buna-Werke in Schkopau, förderte. Der Bitterfelder Region wurde – neben dem Ruhrge-

it was used primarily to supply the calcium-cyanamide plant – involved in war production – in Piesteritz, only 25 kilometres away. When an important major customer was lost after a detonation in an explosives factory in 1917, work began immediately to construct long-distance lines to Berlin, 132 kilometres away; the excess power produced at Golpa-Zschornewitz was to be used to supply the big city.
At the time, the plant was regarded as one of several possible large-scale power plants that would work in a grid, so facilitating a centralised, long-distance power supply. In future, electricity was to be channelled from state-owned, large-scale power plants built in Germany's four coal mining areas (Essen, Saarbrücken and Kattowitz) into a combined grid that would reach every area requiring a power supply in Germany. In fact, the First World War and its consequences led to the failure of these plans for the nationalisation of electricity supplies. However, as Western German coal deposits were lost as war reparations, the industrialisation and development of electricity supply in the lignite mining areas of Central Germany was consolidated.
As from 1919, the Elektrowerke Aktiengesellschaft (EWAG), a subsidiary company of the Berliner Elektrizitätswerke (BEW), which had operated the large-scale power plant Golpa-Zschornewitz since 1915 acquired shares and overall control in further power stations in the Niederlausitz region. Within a few years, the development of these plants meant it had become the largest electricity producer in Europe.
The economic depression resulting from the world economic crisis in 1929 hit electricity works directly, as the demand for electric power decreased. The German electricity industry did not experience a renewed push until the four-year plan that came into effect in 1936; this promoted the armaments industry and its feeding industries, such as the Buna Works in Schkopau. Again the Bitterfeld region – alongside the Ruhr and the Niederlausitz – was assigned a key role in the production of war goods and replacement materials for the purpose of armament. The National Socialist economic policy of autarky sought to make Germany independent of foreign imports. The huge amount of

Großkraftwerk „Elbe", Erweiterung der Maschinenhalle, 1958
Power plant "Elbe", extension to the machine shop, 1958

biet und der Niederlausitz – erneut eine zentrale Rolle innerhalb der Produktion von Kriegsgütern und Ersatzstoffen für Rüstungszwecke zugewiesen, die Deutschland im Zuge der Autarkiepolitik der NS-Wirtschaft von ausländischen Importen unabhängig machen sollte. Die dafür notwendigen hohen Energiemengen überstiegen die vorhandenen Kapazitäten, selbst nachdem man dazu aufgefordert hatte, den Privatverbrauch der Haushalte zu reduzieren. Zur Deckung des Bedarfs wurden ab 1937 in einem großangelegten Ausbauprogramm vorhandene Kraftwerke erweitert, neue Anlagen wie das Großkraftwerk „Elbe" in Vockerode oder das IG-Farben-Kraftwerk Thalheim errichtet und das Verbundnetz bis ins österreichische Linz fortgesetzt und als Hochspannungs-Gleichstrom-Übertragungsanlage nach Berlin ausgebaut.
Mit dem Ende des Zweiten Weltkriegs ging die Energieproduktion in Mitteldeutschland zurück, und 2/3 der dort gelegenen Kraftwerksanlagen, zumeist neuere Kraftwerke wie Vockerode und Thalheim, wurden durch sowjetische Demontagen außer Betrieb gesetzt.
Der Wiederaufbau der zentral gesteuerten Energieversorgung in der DDR war ein langjähriges Unternehmen und durch häufige Stromkontingentierungen begleitet. Das Energieprogramm des ersten Fünfjahresplans legte den Schwerpunkt auf die Reparatur oder Wiedererrichtung der beschädigten und demontierten Kraftwerke. Der in diesem Zusammenhang beschlossene Neubau des Großkraftwerks „Elbe" als größtes und modernstes Kraftwerk der DDR wurde im Herbst 1954 mit Aufnahme des Betriebes eingelöst. Um den anhaltenden Versorgungsengpässen entgegenzuwirken, wurde der weitere Ausbau des Braunkohletagebaus staatlich gefördert. Damit wurde die DDR zum weltgrößten Förderer von Braunkohle und blieb es bis in die 1980er Jahre hinein.
Das Großkraftwerk „Elbe" wurde in den Jahren 1937–1938 im Auftrag des Amtes für deutsche Roh- und Werkstoffe durch die Bauabteilung der EWAG errichtet. Für den Standort Vockerode sprach die unmittelbare Nähe zu Braunkohlefeldern und zu einem industriell geprägten Absatzgebiet ebenso wie die direkte

Großkraftwerk „Elbe", Errichtung der Dachaufbauten des Kesselhauses,1955
Power plant "Elbe", raising the roofs of the boiler house, 1955

energy necessary for this exceeded existing capacities, even after private households had been called upon to reduce their consumption. To cover the demand, a large-scale development programme was introduced as from 1937 to enlarge existing power plants. New plants such as the large-scale plant "Elbe" in Vockerode or the IG-Farben power station Thalheim were also built, the combined grid was extended as far as Linz in Austria, and high-tension, direct current transmission to Berlin was developed.
At the end of the Second World War, the production of energy in Central Germany decreased and 2/3 of the power plants located there – mostly more recent power stations such as Vockerode and Thalheim – were dismantled and put out of operation by the Soviets.
The reconstruction of a centrally controlled energy supply in the GDR took many years, an undertaking often involving fixed electricity quotas. The energy programme of the first five-year plan placed its emphasis on the repair or reconstruction of damaged and dismantled power plants. Projected in this context, the reconstruction of the power plant "Elbe" into the GDR's biggest, most modern power station was realised and it was put into operation in autumn 1954. In order to fight the continuing problem of short supplies, further development of open-cast lignite mining received state subsidies. The GDR thus became the world's largest subsidiser of lignite and remained so into the 1980s.
The large-scale power plant "Elbe" was built in the years 1937–1938, commissioned by the "Office for Raw and Industrial Materials in Germany" and realised by the construction department of the EWAG. Factors in favour of the location in Vockerode were its direct proximity to the lignite mining areas and an industrially-dominated sales region, and of course the site directly beside the Elbe. This ensured the water supply necessary to operate the power station and made the construction of cooling towers superfluous; water taken from the Elbe was used for cooling.

Großkraftwerk „Elbe“, Einrüstung der Kesselhauserweiterung, 1958
Power plant "Elbe", scaffolding on the extension to the boiler house, 1958

Lage an der Elbe, die die für den Kraftwerksbetrieb benötigte Wasserzufuhr sicherstellte und durch Direktkühlung mit Elbwasser die Anlage von Kühltürmen überflüssig machte.
Im Dezember 1938 gab das Werk erstmals Strom in das Verbundnetz ab und trug damit zur Sicherung der Elektrizitätsversorgung der Junkerswerke in Dessau, der Arado-Flugzeugwerke in Wittenberg, der Westfälisch-Anhaltischen Sprengstofffabriken in Reinsdorf, der Betriebe der IG-Farben in Bitterfeld und Wolfen und der Buna-Werke in Schkopau bei.
Mit Kriegsbeginn 1939 wurde ein weiterer Ausbau des Werks beschlossen und infolgedessen das Versorgungsnetz bis zu den „Hermann-Göring-Reichswerken“ im österreichischen Linz erweitert und als Versuchsanlage für die unterirdische Hochspannungs-Gleichstrom-Übertragung nach Berlin ausgebaut. Die Versuchsanlagen wurden in umfangreichen Werksbauten auf einem Grundstück südlich der Griesener Straße untergebracht. Mit sechs Turbinen zu je 32 Megawatt, die einer gleichen Anzahl von Kesseln zugeordnet waren, gehörte das Großkraftwerk „Elbe“ zu den leistungsfähigsten Energieerzeugern seiner Zeit.
Für die Errichtung des Werkes am Ortsrand von Vockerode gab es nur wenige Auflagen, die zumeist auf Bestimmungen des Luftschutzes hinsichtlich etwaiger Fliegereinsicht zurückgingen. Das betraf beispielsweise den durch die Elbnähe möglichen Verzicht auf kostspielige Kühltürme, die als Landmarken mit starkem Dampfaustritt für Flugzeuge weithin sichtbar gewesen wären. Ebenso lässt sich das Abrücken des Hauptbaus von der Uferkante erklären: Abgesehen von der Nutzung besserer Gründungsverhältnisse im Landesinneren, konnte das Kraftwerk auf diese Weise mittels dunkelbrauner Ziegel und moosgrünem Dachanstrich in den breiten Uferstreifen der Elbe optisch eingepasst werden.
Die dichte Lage an der Elbbrücke des 1938–1939 fertig gestellten Autobahnabschnitts Berlin–Leipzig weist allerdings auch auf ein bewusst eingesetztes repräsentatives Moment hin, das in der Korrespondenz des hoch aufragenden Großkraftwerks mit dem Turmbauwerk des Brückenkopfes seinen dramaturgischen Höhepunkt fand.

The plant transmitted its first electricity onto the combined grid in December 1938, thus helping to guarantee electricity supplies to the Junkers factory in Dessau, the Arado aeroplane works in Wittenberg, the Westfälisch-Anhaltische explosives factories in Reinsdorf, the IG-Farben works in Bitterfeld and Wolfen, and the Buna works in Schkopau.
A decision to develop the plant further was taken at the start of the war in 1939. As a consequence, the supply grid was extended to Linz in Austria, to the "Hermann-Göring-Reichswerke", and – as an experimental plant – via underground, high-tension, direct current transmission to Berlin. The experimental areas were housed in large-scale plant buildings on a site to the South of Griesener Straße. Consisting of six turbines, each producing 32 megawatts, and the same number of boilers, the power plant "Elbe" was one of the most efficient energy producers of its time.
There were very few imposed conditions regarding the construction of the plant on the edge of Vockerode: these were based primarily on economic considerations and on defence regulations, with respect to air-raids and visibility from the air. The fact that expensive cooling towers were superfluous due to the plant's proximity to the Elbe was relevant, for example; these would also have been visible for aeroplanes from a considerable distance, as landmarks with rising fumes. It is also possible to explain the placing of the main building some distance from the river bank: quite apart from the exploitation of better conditions for foundations further inland, in this way the power station could be made to blend into the wide stretches of riverbank alongside the Elbe by means of dark brown bricks and a moss-green, painted roof.
However, the plant's site close to the motorway Berlin-Leizig culminating at the Elbe Bridge, completed in 1938–1939, indicates a consciously employed aspect of prestige. The corresponence between the high, striking building of the power plant and the tower construction of the bridge head represented a dramatic high point.

Großkraftwerk „Elbe", Blick durch die Betriebstraße auf die Dorfkirche von Vockerode, 1958
Power plant "Elbe", view through the operating line to the village church of Vockerode, 1958

Das Großkraftwerk „Elbe" überstand den Krieg ohne nennenswerte Beschädigungen. Die Totaldemontage der Kesselanlagen und Turbinen in den Jahren 1945–1947 führte jedoch zur fast vollständigen Abtragung des Kraftwerks. Lediglich die in Massivbauweise errichteten Kohlebunker blieben erhalten und markierten die Außenkanten des ehemaligen Kesselhauses.
Die Entscheidung zum Wiederaufbau des Großkraftwerks „Elbe" erfolgte 1950 im Zuge des auf dem III. Parteitag der SED gefassten Beschlusses zur Entwicklung der Elektrizitätswirtschaft in der DDR.
Unter Leitung des Architekten Willy Braake erarbeitete das in Dessau ansässige „Büro für Industrieprojektierung" die Aufbauplanungen unter Verwendung des verbliebenen Torsos des Vorgängerbaus. Aufgrund der Stahlkontingentierung wurde das ehemals als Stahlskelett errichtete Maschinen- und Hilfsmaschinenhaus nun in Stahlbeton ausgeführt.
Wesentliche Änderungen ergaben sich für den Neubau an der Stelle des ehemaligen Schalthauses, das nun für 110 Kilovolt ausgelegt und zur Griesener Straße hin zusätzlich abgestuft wurde. Die zentrale Schaltwarte wurde aus dem Direktionsgebäude in ein neues Brückenbauwerk zwischen dem Schalthaus und dem Hauptbau verlegt.
Südlich und westlich des Hauptbaus wurden Neubauten für die Betriebsfachschule, ein dazugehöriges Internatsgebäude sowie Büro- und Nebengebäude errichtet. Die neue Klinkerverkleidung des eigentlichen Kraftwerks wie auch die Neubauten zeichnen sich gegen die wenigen erhaltenen Mauerwerksflächen des Vorgängerbaus durch eine hellere Färbung ab.
Der erste Bauabschnitt ging am 15. Oktober 1954 nach knapp zweijähriger Bauzeit ans Netz und erreichte im Folgejahr die technische Leistung des Vorgängerbaus. Der fortwährende Mangel in der Elektrizitätsversorgung der DDR machte unmittelbar nach Fertigstellung des ersten Bauabschnitts eine Erweiterung der Gebäude um 60 Meter nach Westen erforderlich. Der zweiten Ausbaustufe, die am 25. August 1956 vollendet wurde, folgte eine dritte, die das Werk bis zum 26. April 1959 erneut um 60 Meter in westliche Richtung verlängerte.

The large-scale power plant "Elbe" survived the war without significant damage. However, the dismantling of the boiler areas and turbines in 1945–1947 amounted to an almost total demolition of the power station. Only the massive-built coal bunkers survived, indicating the outlines of the former boiler house.
The decision to rebuild the power plant "Elbe" was made in 1950, as part of a resolution to develop the electricity industry in the GDR passed at the 3rd Party Conference of the SED.
Under the guidance of the architect Willy Braake, the Dessau-based "Büro für Industrieprojektierung" produced plans for reconstruction, integrating the surviving torso of the predecessor building. As a result of fixed steel quotas, the power houses and auxiliary power houses, which had previously been built with steel skeletons, were now realised in reinforced concrete.
Considerable changes were made in place of the former control house; the new building was designed for 110 kilovolts and with an additional gradation towards Griesener Straße. The central controlling point was transferred from the managerial offices to a new bridge construction linking the control rooms and the main building.
To the South and West of the main block, new buildings were erected for the company training college with an attached hostel, offices and auxiliary buildings. The lighter colour of the new brick rendering of the actual power station and extensions contrasts with the few remaining areas of wall from the predecessor building.
The first section to be constructed joined the grid on 15th October 1954 after only two years of building work. The technical efficiency of the preceding plant was reached during the following year. Continuing deficiencies in the electricity supply of the GDR necessitated an extension – of 60 metres to the West – immediately after the completion of the first building phase. The second phase of development was completed on 25th August 1956 and followed by a third, which had extended the building by a further 60 metres towards the West by 26th April 1959.
Once the third phase had entered into operation, the power station commanded a total of four chimneys, twelve boilers and

Großkraftwerk „Elbe", gestaffelte Südfassade
Power plant "Elbe", graduated south façade

Das Kraftwerk verfügte mit der Inbetriebnahme der dritten Ausbaustufe über vier Schornsteine, zwölf Kessel und die gleiche Anzahl von Maschinensätzen, die eine Gesamtleistung von 384 Megawatt erzeugten.

Der Ausbau und die Erweiterung der vorhandenen Gebäude und Gebäudeteile erfolgten in Anlehnung an die Kubatur und die Fassadengestaltung des Vorgängerbaus. Die Traufkante des Hilfsmaschinenhauses wurde auf 32 Meter erhöht und hob – zusammen mit dem gestuften Neubau des Schalthauses – die schon zuvor markante Abstufung des Gebäudekomplexes an der Südseite des Hauptbaus noch stärker hervor. Die in der Südfassade des Hilfsmaschinenhauses angeordneten Fenster wurden in Dreiergruppen zusammengefasst und stellten den darunterliegenden, in gleichmäßiger Folge angeordneten Fensterschlitzen des Maschinenhauses einen zweiten Rhythmus zur Seite. Die Giebelseiten erhielten im Vergleich zum Vorgängerbau größere Fensteröffnungen mit einer Einfassung aus Betonwerksteinen. Die Fenster der westlichen Giebelseiten sind im Gegensatz zu den schlichter ausgeführten Fenstern der östlichen durch kräftige Rahmungen aus Betonwerksteinen zusammengefasst. In den folgenden Jahrzehnten wurde das Großkraftwerk „Elbe" nicht mehr wesentlich verändert.

Der Bau des neuen Dessauer Heizkraftwerks zu Beginn der 1990er Jahre führte schließlich zur Einstellung des Betriebes, weil die alten Anlagen im Vergleich zu modernen Kraftwerken nur unrentabel betrieben worden wären.

Mit der Abschaltung des letzten Dampfkessels trat das Werk in einen neuen Lebens- und Rezeptionszyklus ein; dass es dann unter Denkmalschutz gestellt wurde, dokumentiert folgerichtig dessen Relevanz als bauliches Zeugnis der Industrialisierung Mitteldeutschlands.

Die durch die Fernstromversorgung ermöglichte landesweite Elektrifizierung hat die Grundlage einer neuen Wirtschaftsordnung gelegt, die die Kultur, das Alltagsleben und die wirtschaftliche Prosperität geprägt hat. Als Leittechnik des 20. Jahrhunderts überlagert das Netz der Fernstromversorgung die aus früheren Zeiten überkommenen räumlichen Strukturen. Den Großkraft-

the same number of generator sets, with an overall output of 384 megawatts.

The new developments and the extension of the existing buildings and building sections adopted a style based on the cubature and façade design of the original building. The eaves front of the auxiliary power house was raised to 32 metres and it further emphasised the already striking gradation of the building complex to the South of the main building. The windows on the south façade of the auxiliary power house were arranged in sets of three, so presenting a second rhythm alongside the regular composition of window slits on the power house below. By comparison to the previous building, the gable ends received larger window openings with dressed concrete borders. By contrast to the simpler windows of the eastern end, the windows of the western gable have impressive frames of dressed concrete. During the following decades, no essential changes were made to the power plant "Elbe".

The construction of Dessau power station at the beginning of the 1990s finally led to the closure of operations, as the old plant could only be run at a loss by comparison to modern power stations.

When the last steam boiler was switched off, the plant entered a new phase of existence and reception; it became a listed building, a logical documentation of its relevance as architectural evidence of industrialisation in Central Germany.

The nationwide electrification made possible by long-distance electricity supplies laid the foundation for a new economic order, which has since shaped the area's culture, everyday life and economic prosperity. As the leading technology of the 20th century, the long-distance electricity supply grid has overlaid structures handed down from the past. As key junctions in this grid, the large-scale power plants were particularly significant – not only with respect to technological and social history, but also architecturally. They were an expression of prestige within entrepreneurial activities. Today, when the necessity arises to weigh up demolition or post-operational use, we must consider such facts and their cultural, social and economic relevance. In

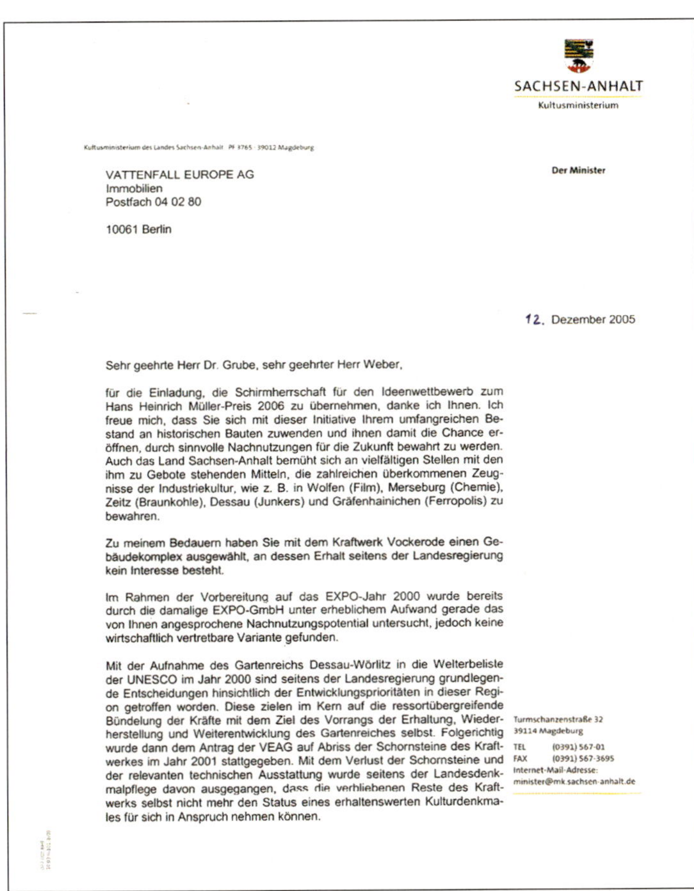

SACHSEN-ANHALT
Kultusministerium

Kultusministerium des Landes Sachsen-Anhalt · PF 3765 · 39012 Magdeburg

VATTENFALL EUROPE AG
Immobilien
Postfach 04 02 80

10061 Berlin

Der Minister

12. Dezember 2005

Sehr geehrte Herr Dr. Grube, sehr geehrter Herr Weber,

für die Einladung, die Schirmherrschaft für den Ideenwettbewerb zum Hans Heinrich Müller-Preis 2006 zu übernehmen, danke ich Ihnen. Ich freue mich, dass Sie sich mit dieser Initiative Ihrem umfangreichen Bestand an historischen Bauten zuwenden und ihnen damit die Chance eröffnen, durch sinnvolle Nachnutzungen für die Zukunft bewahrt zu werden. Auch das Land Sachsen-Anhalt bemüht sich an vielfältigen Stellen mit den ihm zu Gebote stehenden Mitteln, die zahlreichen überkommenen Zeugnisse der Industriekultur, wie z. B. in Wolfen (Film), Merseburg (Chemie), Zeitz (Braunkohle), Dessau (Junkers) und Gräfenhainichen (Ferropolis) zu bewahren.

Zu meinem Bedauern haben Sie mit dem Kraftwerk Vockerode einen Gebäudekomplex ausgewählt, an dessen Erhalt seitens der Landesregierung kein Interesse besteht.

Im Rahmen der Vorbereitung auf das EXPO-Jahr 2000 wurde bereits durch die damalige EXPO-GmbH unter erheblichem Aufwand gerade das von Ihnen angesprochene Nachnutzungspotential untersucht, jedoch keine wirtschaftlich vertretbare Variante gefunden.

Mit der Aufnahme des Gartenreichs Dessau-Wörlitz in die Welterbeliste der UNESCO im Jahr 2000 sind seitens der Landesregierung grundlegende Entscheidungen hinsichtlich der Entwicklungsprioritäten in dieser Region getroffen worden. Diese zielen im Kern auf die ressortübergreifende Bündelung der Kräfte mit dem Ziel des Vorrangs der Erhaltung, Wiederherstellung und Weiterentwicklung des Gartenreiches selbst. Folgerichtig wurde dann dem Antrag der VEAG auf Abriss der Schornsteine des Kraftwerkes im Jahr 2001 stattgegeben. Mit dem Verlust der Schornsteine und der relevanten technischen Ausstattung wurde seitens der Landesdenkmalpflege davon ausgegangen, dass die verbliebenen Reste des Kraftwerks selbst nicht mehr den Status eines erhaltenswerten Kulturdenkmales für sich in Anspruch nehmen können.

Turmschanzenstraße 32
39114 Magdeburg
TEL (0391) 567-01
FAX (0391) 567-3695
Internet-Mail-Adresse:
minister@mk.sachsen-anhalt.de

Vor diesem Hintergrund werden Sie sicherlich verstehen, dass ich Ihre Einladung zur Übernahme der Schirmherrschaft dieses Ideenwettbewerbes nicht nachkommen möchte. Ungeachtet dessen habe ich jedoch ein erhebliches Interesse daran, mit Ihnen hinsichtlich der Fortsetzung des Rückbaus der brachliegenden Industrieanlagen im Bereich Vockerode und deren Erschließung für spätere Nachnutzungen zu sprechen. Sollte hierzu Ihrerseits dieses Interesse geteilt werden, wäre ich Ihnen für eine entsprechende Nachricht dankbar.

Mit freundlichen Grüßen

Prof. Dr. Jan-Hendrik Olbertz

Schreiben des Kultusministers vom 12. Dezember 2005
Letter from the Minister of Culture, dated 12th December 2005

werken als den Knotenpunkten dieses Netzes kam dabei eine besondere Bedeutung zu, nicht nur technik- und sozialgeschichtlich, sondern auch baukünstlerisch als Ausdruck der Repräsentation unternehmerischer Aktivitäten. Über diese Sachverhalte und ihre kulturelle, soziale und wirtschaftliche Relevanz muss gesprochen werden, wenn heute zwischen Rückbau und Nachnutzung abgewogen werden muss.
Als „Jahrhundertkontrast" beschrieb Harald Kegler 1999 die Lage des Kraftwerks in der Elbwiesen des Dessau-Wörlitzer Gartenreichs, mit dem in das gartenkünstlerische Reformwerk des 18. Jahrhunderts ein Sachzeuge der Industrialisierung gesetzt wurde.
Die Charta von Venedig, in der sich das International Council on Monuments and Sites 1964 auf weltweit gültige Handlungsleitlinien verständigte, hebt hervor, dass jedes Denkmal nicht nur untrennbar mit der Geschichte verbunden ist, von der es Zeugnis ablegt, sondern auch durch die Umgebung konstituiert ist, zu der es gehört. Einer Translozierung des Denkmals könnte im Sinne der Charta nur zugestimmt werden, wenn bedeutende nationale oder internationale Interessen dies rechtfertigen. Die Eintragung des Gartenreichs in die Weltkulturerbeliste erfolgte, ohne dass die Forderung erhoben wurde, das Kraftwerk als ein in das Gartendenkmal eingebettetes Geschichtszeugnis zu entfernen; damit erkannte man die Lage und den Aussagewert des Kraftwerks an. Der Denkmalstatus, hier irrt der Kultusminister in seinem Schreiben vom 12. Dezember 2005, wurde durch die Niederlegung der Schornsteine und technische Ausrüstung der Maschinenhalle im Jahr 2001 nicht aufgehoben. Noch in der Folgezeit wurden Erhaltungsmaßnahmen im Kraftwerk nach den Anforderungen des Denkmalamtes realisiert.
Dass Landschaften durch die zunehmende Industrialisierung geprägt werden, bezeugte Paul Schultze-Naumburg schon 1917, indem er feststellte: „(...) nach Beschreibungen, Darstellungen unseres Landes und nach den geringen erhaltenen Resten zu urteilen, muss das Bild unseres Landes doch schon ganz erheblich von den Vorläufern unserer heutigen Fabriken bestimmt worden sein. (...) Sie verleihen ihr oft etwas von dem Zauber des

1999, Harald Kegler described the power plant's location on the Elbwiesen of the Dessau-Wörlitz Garden Kingdom as the "contrast of the century"; a testimony to industrialisation that had been set into the reformatory work of 18th century garden art.
The Charter of Venice of 1964, in which the International Council on Monuments and Sites came to an agreement on internationally valid, practical guidelines, underlines the fact that every monument should not only have close ties with the history to which it bears witness, but also be constituent to its surroundings. In the spirit of this charter, the translocation of a monument can only be agreed to if this is justified by important national or international interests. When the Garden Kingdom was placed on the list of World Cultural Heritage, no stipulation was made that the power plant – as a testimonial to history embedded in the garden monument – be removed; the position and significance of the power plant were thus recognised. The demolition of the chimneys and technical equipment in the machine shop during 2001 did not signify an invalidation of the plant's status as a listed building - an error made in the Minister of Culture's letter dated 12th December 2005. In the subsequent period, measures to preserve the power station were still realised according to stipulations made by the Office for the Protection of Monuments.
As early as 1917, Paul Schultze-Naumburg recognised the fact that landscapes were being shaped by increasing industrialisation when he observed: "(...) to judge by descriptions and depictions and the few surviving remains, the appearance of our country must have been determined quite considerably by the precursors to our present-day factories. (...) They frequently lent it something of the magic of the mysterious, strange, often gloomy, which has its own great aesthetic value, of course." And although he was a member of the rather traditional Heimatschutz movement, he saw "an uncannily attractive image" in the great manufacturing works of his age "with their iron towers, chimneys, scaffolds, and smoke and steam". Together with the factory interiors, he was convinced that these displayed "noble and attractive characteristics".

Großkraftwerk „Elbe", Untergeschoss des Hilfsmaschinenhauses
Power plant "Elbe", ground floor of the auxiliary power house

Geheimnisvollen, Seltsamen, oft Düsteren, das doch auch seinen hohen ästhetischen Wert hat." Und obwohl der traditionsverbundenen Heimatschutzbewegung angehörig, sah er in den großen Produktionsstätten seiner Zeit „mit ihren ehernen Türmen, Kaminen, Gerüsten, Rauch und Dampf ein unheimlich anziehendes Bild", das, zusammen mit den Innenräumen der Fabriken, von einer „hohen und anziehenden Charakteristik" sei.

Die Forderung des Rückbaus zur Herstellung einer nach historische Themen und Zeitschichten geordneten Kulturlandschaft, wie es im Schreiben des Kultusministeriums anklingt, ist daher unverständlich. Sie tritt nicht nur hinter den zeitgenössischen Konsens zurück, der sich für den Erhalt heterogener, unverfälschter und von zeitlichen Überlagerungen und Anreicherungen geprägter Geschichtszeugnisse ausspricht. Sie stellt sich auch gegen das Selbstverständnis und die Alltagserfahrungen weiter Teile der Bevölkerung und setzt die Chancen für wirtschaftliche Flexibilität der Regionen, die auf eine heterogene Struktur angewiesen wäre, zugunsten einer monothematischen Ausrichtung aufs Spiel.

Die Austragung aus der Denkmalliste hat vorerst Fakten geschaffen, mit denen der Eigner umgehen muss. Der Rückzug aus der Produktion bedeutete für ihn nie die Aufgabe des Standorts, wie es die zwei großen Landesausstellungen im Zusammenhang mit der Expo 2000 und die temporäre Bespielung des Kraftwerks durch Kultureinrichtungen des Landes beweisen.

Die Suche nach einer geeigneten Nachnutzung des Kraftwerks versteht sich als Initial für die wirtschaftliche Belebung der Region und übernimmt Verantwortung für die Menschen, die über Generationen mit und durch das Kraftwerk ihren Alltag bestritten haben.

Längst ist der konservatorische Diskurs zur Bestandserhaltung eng mit wirtschaftlichen und ökologischen Gesichtspunkten verknüpft. Der Umbau und die Nachnutzung des Kraftwerks schaffen und erhalten Arbeitskräfte, schonen Ressourcen, wirken der Abwanderung aus der Region entgegen und versprechen Mitnahmeeffekte für weitere Projekte im Umkreis.

Großkraftwerk „Elbe", Standflächen der Turbinen
Power plant "Elbe", platforms for the turbines

The demand for demolition made in the Ministry of Culture's letter – to facilitate the creation of a cultural landscape laid out according to historical themes and time layers – is therefore incomprehensible. It not only fails to perceive contemporary consensus, which favours the preservation of heterogeneous, unadulterated historical evidence characterised by temporal overlaps and accumulations. It also contradicts the self-understanding and everyday experience of large groups of the population, and jeopardises opportunities for economic flexibility in regions dependent on a heterogeneous structure – and this merely in order to sustain a monothematic approach.

The withdrawal of the power plant's status as a listed building has created a state of affairs with which the owner must now come to terms. The shut-down of production had never signified abandonment of the location, and this has been demonstrated by those exhibitions in the context of the Expo 2000 and temporary use of the power plant by state cultural institutions.

The search for suitable post closure usage of the power plant is understood as a way of initialising economic revival in the region. The project adopts responsibility for those people whose everyday lives have been organised with and through the power plant for many generations.

For a long time now, the conservational discourse on the preservation of the status quo has been closely tied up with economic and ecological issues. The conversion and post-closure usage of the power station will create and protect jobs, and save resources; it will oppose migration away from the region and promises rollover effects for other projects in the surrounding area.

Abspannwerk „Humboldt", Check-in der Teilnehmer in der Schaltwarte
Transformer station "Humboldt", check-in for participants in the control room

Hans Heinrich Müller Preis 2006. Vattenfall-Award

Hans Heinrich Müller Award 2006. Vattenfall-Award

Thorsten Dame
Laufwerk B

In der Reihe der Ideenwettbewerbe zur Entwicklung von Nachnutzungsszenarien für stillgelegte Stromversorgungsbauten ist der Hans Heinrich Müller Preis 2006 ein Novum:
Erstens sind mit der Überführung der regional aufgestellten Marke Bewag in den europaweit operierenden Konzern Vattenfall Europe AG auch die Reichweite und Aufgabenstellung des Wettbewerbs gewachsen.
Zweitens wurde mit dem Großkraftwerk „Elbe" erstmals ein Bau gewählt, der außerhalb des Berliner Stadtgebiets liegt und für den aufgrund seiner monumentalen Größe und seiner örtlichen Situation andere Bedingungen galten als für die Werke in der Großstadt.
Eine weitere Neuerung ist, drittens, das Procedere selbst. Um die Teilnehmer und Hochschulen intensiver in den Auswertungsprozess einzubinden, wurden in diesem Jahr zehn Hochschulen zur Teilnahme eingeladen. Es waren dies die Lehrstühle von

- Prof. Bernd Albers
  Fachhochschule Potsdam
- Prof. Johannes Kister
  Hochschule Anhalt-Dessau
- Prof. Helmut Kleine-Kraneburg
  Universität Kaiserslautern
- Prof. Adolf Krischanitz
  Universität der Künste Berlin
- Prof. Arno Lederer
  Universität Stuttgart
- Prof. Walter Arno Noebel
  Universität Dortmund
- Prof. Axel Oestreich
  Brandenburgische Technische Universität Cottbus
- Prof. Karl-Heinz Schmitz
  Bauhaus-Universität Weimar
- Prof. Thomas Will
  Technische Universität Dresden
- Prof. Klaus Zillich
  Technische Universität Berlin.

The Hans Heinrich Müller Award 2006 represents a new departure among competitions to develop scenarios for the post-closure usage of electricity works:
Firstly, the given assignment and the scope of the competition have expanded, following the transfer of the regional brand Bewag to the Vattenfall concern, which operates throughout Europe.
Secondly, the large-scale power plant "Elbe" is the first selected building that lies outside the city boundaries of Berlin. Its monumental size and local situation call for the application of different conditions to those relevant for projects within the big city.
Finally, a third innovation is the competition procedure itself. In order to get to know the participants and their universities and colleges better and to integrate them into the evaluation process, ten colleges or universities were invited to participate this year. The following departmental chairs were involved:

- Prof. Bernd Albers
  Fachhochschule/Technical College Potsdam
- Prof. Johannes Kister
  College of Anhalt-Dessau
- Prof. Helmut Kleine-Kraneburg
  University of Kaiserslautern
- Prof. Adolf Krischanitz
  University of the Arts Berlin
- Prof. Arno Lederer
  University of Stuttgart
- Prof. Walter Arno Noebel
  University of Dortmund
- Prof. Axel Oestreich
  Brandenburg Technical University Cottbus
- Prof. Karl-Heinz Schmitz
  Bauhaus University Weimar
- Prof. Thomas Will
  Technical University Dresden
- Prof. Klaus Zillich
  Technical University Berlin.

Pause im Hof   Break in the courtyard

Diskussion der Beiträge   Discussion of the entries

Während eines gemeinsamen Auftaktkolloquiums am 20. April 2006 im Kraftwerk hatten die rund 250 Teilnehmer zum ersten Mal die Gelegenheit, sich mit den örtlichen Gegebenheiten vertraut zu machen. Im Podium standen neben Vertretern des Auslobers und der Gemeinde Vockerode auch Gerhard Seltmann als ehemaliger Leiter der Expo 2000 in Sachsen-Anhalt und Thomas Guggi von der Gregor Seyffert Compagnie zur Verfügung. Beide Gäste waren mit den anspruchsvollen kulturellen Zwischennutzungen des Großkraftwerks vertraut und konnten einen persönlichen Eindruck über die Eignung und den Charakter des Werks vermitteln.
Die gemeinsame Auswertung des Wettbewerbs fand zum Semesterende, vom 19. bis zum 21. Juli 2006, in Berlin statt. Am ersten Tag wurden die Ausstellungsetagen des Abspannwerks „Humboldt" mit den Beiträgen eingerichtet und die nötigen Formalien und offenen Fragen in einem Check-in geklärt.
Der zweite Tag stand für das Kennenlernen der Teilnehmer und ihrer Beiträge zur Verfügung; am Vormittag stellten die betreuenden Professoren in kurzen Vorträgen die Arbeitsweise ihrer Lehrstühle und beispielhafte Lösungen der Wettbewerbsaufgabe vor. Der Nachmittag war für gemeinsame Rundgänge vorbehalten, in denen sich die Studierenden untereinander über ihre Arbeiten austauschten und die Jury sich einen ersten Überblick über das breite Spektrum der eingereichten Lösungsszenarien verschaffte.
Auch die Zusammensetzung der Jury ist ein Novum des Hans Heinrich Müller Preises 2006. Bislang war ein externes Preisgericht zusammengetreten, um die Arbeiten zu bewerten. In diesem Jahr bildeten die betreuenden Hochschullehrer selbst die Gruppe der Fachpreisrichter, die durch Herrn Dr. Hans Achim Grube und Herrn Rudolf Kärcher, beide Leiter der Immobilienabteilung von Vattenfall Europe AG, und durch Herrn Rüdiger Schmidt, Bürgermeister der Gemeinde Vockerode, ergänzt wurde. Diese Zusammensetzung erlaubte es, sehr schnell einen Zugang zu den einzelnen Beiträgen zu erhalten und in eine vertiefende und vergleichende Diskussion der Arbeiten einzusteigen.

During a joint opening colloquium held in the power plant on 20th April 2006, the around 250 participants had a first opportunity to familiarise themselves with conditions on the spot. As well as representatives of the endowing concern and the municipality of Vockerode, the panel also included Gerhard Seltmann – the former director of the Expo 2000 in Saxony-Anhalt – and Thomas Guggi from the Gregor Seyffert Compagnie. Both guests are familiar with the top-quality interim cultural uses of the power plant and were able to convey their personal impressions of the site's suitability and character.
The joint assessment of the competition took place in Berlin at the end of the semester, from the 19th to 21st July. On the first day, the entries were arranged on the exhibition floors of the "Humboldt" transformer station and a check-in was held to resolve the necessary formalities and answer any open questions.
The second day offered an opportunity to get to know the participants and their entries; in the morning, the supervising professors held brief lectures presenting the working methods in their departments and some exemplary solutions to the competition assignment. The afternoon was reserved for joint tours, during which the students could exchange information and ideas about their works, and the jury could gain an initial overview of the wide spectrum of scenarios submitted.
The composition of the jury for the Hans Heinrich Müller Award 2006 also represents an innovation. Up until now, an external jury had always been called together to assess the works. This year, the supervising university professors themselves formed the group of specialist prize judges, together with Dr. Hans Achim Grube and Mr. Rudolf Kärcher, both directors of the property department of Vattenfall Europe AG, and Mr. Rüdiger Schmidt, Mayor of Vockerode. This combination facilitated rapid access to the individual contributions and a deeper, comparative discussion of the works. The jury sat on 20th and 21st July under the chairmanship of Prof. Dr. Paul Kahlfeldt. In three assessment phases, it selected ten works for the short list. In a further vote, three equal first prizes of 1000 Euros each and four

Preisgerichtssitzung am 21. Juli 2006
Jury session on 21st July 2006

Die Jury tagte am 20. und 21. Juli unter dem Vorsitz von Prof. Dr. Paul Kahlfeldt und brachte in drei Wertungsrundgängen eine Gruppe von zehn Arbeiten in die engere Wahl. In weiterer Abstimmung wurden daraus drei gleichwertige erste Preise zu je 1000,- Euro und vier Ankäufe zu 500,- Euro vergeben. Damit wurde die Preissumme durch den Auslober um 2000,- Euro erhöht.

Die Diskussion der Kriterien, nach denen die Preise und Ankäufe vergeben werden sollten, nahm nicht nur während der Preisgerichtssitzung einen weiten Raum ein. Während der anschließenden Preisverleihung und Ausstellungseröffnung wurde in Diskussionen außerdem abgewägt, welche Positionen in den Beiträgen vertreten wurden und in welchen Konzepten eine besondere Chance für die Nachnutzung des Großkraftwerks und die Bekanntmachung seiner Potentiale liegt.

Solche Debatten bilden das Herzstück des Wettbewerbs, denn in ihnen sind alle eingereichten Arbeiten und die in ihnen formulierten Szenarien präsent und sie zeigen, dass die Idee, die Abschlussveranstaltung in Berlin zum Teil des Arbeitsprozesses des Wettbewerbs zu machen, sinnvoll war.

Als Wettbewerbsbetreuung möchten wir uns hierfür herzlich bedanken: Bei Vattenfall Europe AG und ihrer Tochtergesellschaft Biq, namentlich bei Dr. Hans Achim Grube, Herrn Rudolf Kärcher, Frau Michaela Kaboth und Herrn Rüdiger Schmidt und allen Mitarbeitern des Unternehmens, die den Wettbewerb auf großzügige Art getragen und ausgestaltet haben. Der Dank gilt vor allem auch den Teilnehmern der eingeladenen Hochschulen, ihren betreuenden Professoren und Assistenten, die mit großem Engagement dem Wettbewerb zu beeindruckenden Ergebnissen verholfen haben.

Die Beiträge sind in der vorliegenden Dokumentation in drei Themengruppen geordnet; dabei werden einige beispielhafte Arbeiten ausführlicher dargestellt. Oftmals hätte sich eine einzelne Arbeit, wenn sie eine komplexe Mischnutzung vorsah, jedem dieser Kapitel zuordnen lassen. Den Ausschlag gab in diesen Fällen die Entscheidung der Redaktionsgruppe.

commendations of 500 Euros each were awarded. This meant that the endowers had raised the sum of prize money by a total of 2000 Euros.

Discussion of the criteria according to which the prizes and commendations should be awarded took up additional time, not only in the jury sessions. Further debates took place during the subsequent award ceremony and exhibition opening, as all the participants deliberated which standpoints expressed and which submitted design concepts offered the best chances for post-closure use of the power plant and pinpointed its obvious potentials.

Such debates are the true essence of the competition, for they incorporate all the submitted works and formulated scenarios; the idea of making the concluding event in Berlin into part of the competition procedure was clearly a far-sighted, successful one.

As overseers of the competition, we would like to express our gratitude to Vattenfall Europe AG and its subsidiary company Biq, personally to Dr. Hans Achim Grube, Mr. Rudolf Kärcher, Ms. Michaela Kaboth and Mr. Rüdiger Schmidt, and to all the colleagues at the company who so generously supported and developed the competition. Especial thanks are due to the participants from the invited universities and colleges, and to their supervising professors and assistants, whose great commitment helped us to arrive at such impressive results.

The entries have been arranged in three thematic groups; some exemplary works in each group are portrayed in more detail. Often, a single work projecting a complex combination of uses could not really be attributed to any one of these chapters. In such cases, the final decision was made by the editors.

Preisträger Award winners

Preisträger
Award Winners

Die Arbeiten der Preisträger und der Ankäufe sind breit gefächert und repräsentieren einen Querschnitt durch die Wettbewerbseinreichungen. Unter ihnen sind realitätsnahe und umsetzbare Konzepte, die detailgenau und professionell den Nachweis über die funktionale Eignung der Räume führen und die nötigen Umbaumaßnahmen darlegen. Sie nehmen die örtliche Situation in den Fokus der Betrachtung und entwickeln daraus plausible Szenarien einer neuen Nutzung. Anderen Arbeiten des Wettbewerbs ist ein utopischer, weitschweifender Blick auf den Ort, seine Bauten und seine besondere Wirkung eigen. In diesen Arbeiten wurden oftmals der Charakter und die Stimmung in den Vordergrund gerückt, um diese unschätzbaren Potentiale als Ausgangspunkt für die Entwicklung des Ortes und der Region zu erschließen.

The works of the prize winners and acquired designs are wide-ranging, representing a cross-section of the competition entries. They include realistic and realisable concepts that present a detailed, professional demonstration of the different spaces' suitability for various functions, and outline the necessary conversion measures. These focus on the situation on the spot and start out from it to develop plausible scenarios for new usage. Other works in the competition are characterised by a utopian, expatiated view of the plant, its buildings and its special impact. These works frequently emphasise character and atmosphere, in order to employ such invaluable potentials as the starting point for a development of the site and the region.

Großkraftwerk „Elbe", Turbine
Power plant "Elbe", turbine

Westgiebel West gable

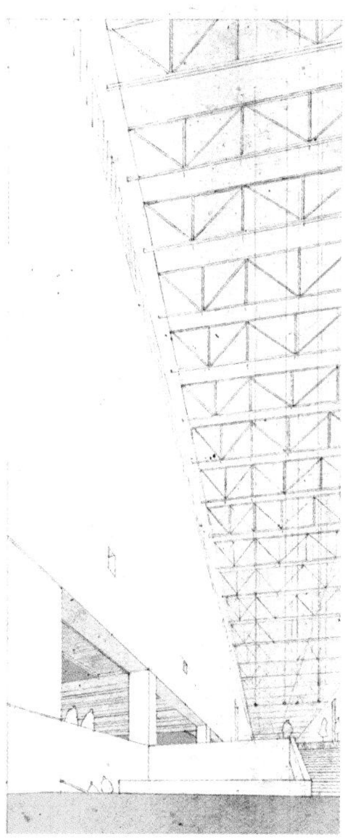
Aufgang Stairway

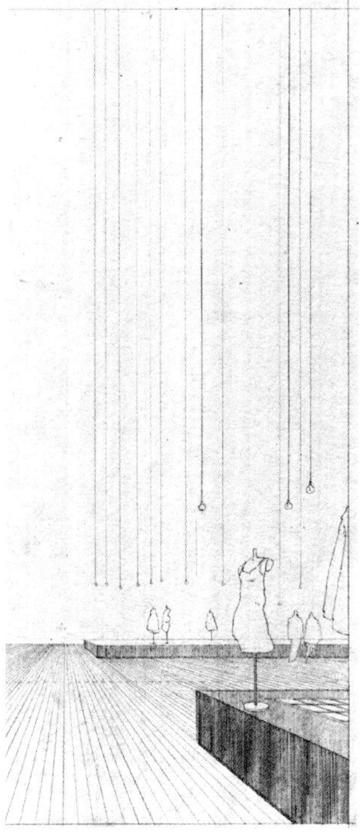
Präsentation Presentation

Markthalle Market hall

Ein 1. Preis

Kaufhaus Kraftwerk

Cornelis Knuth
Erik van der Werf
Bauhaus-Universität Weimar
Prof. Karl-Heinz Schmitz

Aus der Beurteilung des Preisgerichts:

Den Verfassern gelingt mit wenigen Eingriffen eine räumlich beeindruckende Umnutzung des Gebäudeensembles zu einem Kaufhaus des gehobenen Sortiments, das über einen Autobahnanschluss verfügt. Der räumliche und funktionale Mix aus großflächigen, gemeinschaftlichen Ausstellungs, Kommunikations- und Verkehrsflächen mit kleinteiligen und introvertierten Individualshops schafft eine optimale Vielfalt, die zu einer angemessenen Verweildauer der angereisten Kunden führen wird. Die wenigen baulichen Eingriffe und Ergänzungen klären und stärken die bauliche Grundstruktur. Der individuelle und neue Charakter des Kaufhauses verdankt sich überwiegend den Möbeln und der Ausstattung mit neuen Erschließungseinrichtungen. Der zurückhaltende, dezente architektonische Ansatz spiegelt sich hervorragend in der sensiblen zeichnerischen Darstellung. Für einen zentralen überregionalen Betreiber erscheint das Konzept ohne weitere umfassende Modifikationen realisierbar.

From the jury's assessment:

With only a few interventions, the author achieves a spatially impressive conversion of the building ensemble into a top-class department store with its own link to the motorway. The spatial and functional mix of large-scale, public areas for exhibition, communication and contact purposes and introverted, small-scale shops creates optimal diversity. As a result, one would expect customers from out of town to spend a reasonable amount of time here. The few architectural interventions and additions clarify and consolidate the basic architectural structure. The new, individual character of the department store is due largely to the fittings and the provision of new access routes. This restrained, modest architectonic starting point is excellently reflected in the sensitively reproduced drawing. A central super-regional operator could realise the concept with only a little modification.

Geschäfte in der Maschinenhalle Stores in the machine shop

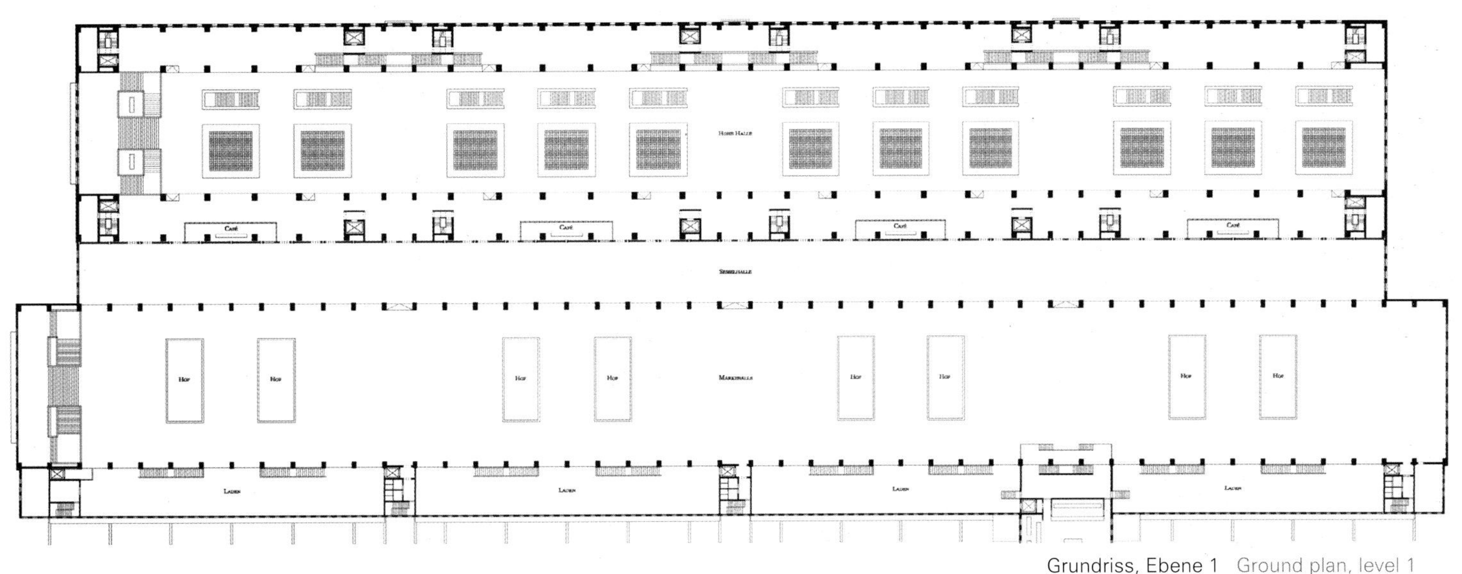

Grundriss, Ebene 1 Ground plan, level 1

Laden, Eingang Shop, entrance

Laden, Ebene 1 Shop, level 1

Laden im Lichthof Shop in the atrium

Große Halle Large hall

Atrium Atrium

Hochhaus High-rise

Ein 1. Preis

Symphonie einer neuen Welt

Sarah Miebach
Rico Oberholzer
Universität der Künste
Prof. Adolf Krischanitz

Aus der Beurteilung des Preisgerichts:

„Die Situation Vockerodes verweist deutlich auf die Abhängigkeit des Dorfes von einem toten Koloss!" – Diese Beziehung wird aufgegriffen und zur Entwurfsstrategie. Der Maßstabssprung zwischen dem bestehenden Kraftwerksvolumen und Vockerode wird zu einer „Supergroßform" perpetuiert. Diese „Superskulptur" tritt nun in das Ensemble der Großformen Elbe und Autobahnviadukt und in die Anatomie der Landschaft ein. Die signifikante Operation verweist auf den einstigen dramatischen Höhepunkt, auf die bereits rückgebauten Schornsteine. Ein Bauwerk ist immer die Summe all derjenigen Erfahrungen, die mit Bauwerken schon gemacht wurden. Wie Qualität eine Frage der höheren Eindeutigkeit ist, also eine Art Vertrautheit über die Zeit meint, so ist die hier sichtbare Vergangenheit in einer symmetrisch gedachten Welt auch die Verlängerung in die Zukunft. Aus dem belanglosen Duktus des Kraftwerks entsteht eine Form, die Ewigkeit impliziert.

From the jury's assessment:

"The situation of Vockerode underlines the village's dependence on a defunct Colossus!" – This relation is examined and developed into a design strategy. The gap in scale between the power plant's existing volume and Vockerode is perpetuated in a "super form". This "super sculpture" becomes part of an ensemble of large-scale forms – with the Elbe and the motorway viaduct – and of the landscape's anatomy. This significant operation is a pointer to a former dramatic highlight; the already demolished chimneys. A building always represents the sum of every experience that has ever been made with buildings. Quality is a question of greater clarity – in other words, a form of familiarity over the course of time. In a similar way, in a symmetrically conceived world, the visible past is also its extension into the future. A form implying eternity emerges from the meaningless contours of the power station.

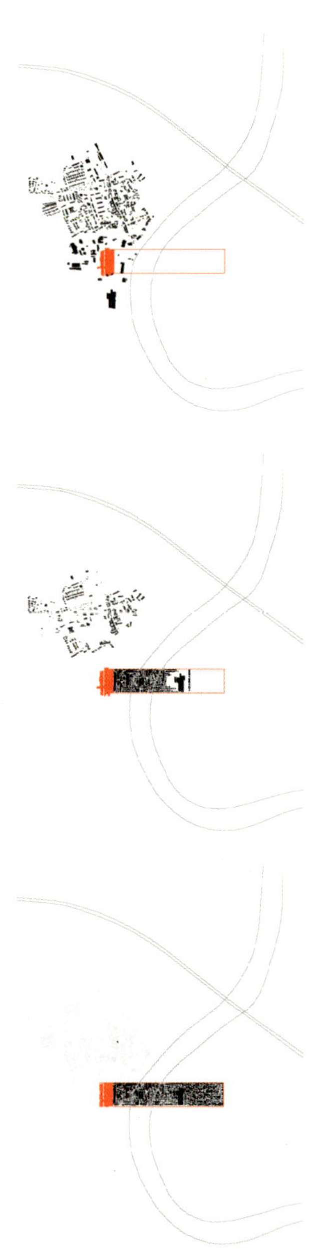

Übersiedlung der Gemeinde in die Superstruktur
Municipality's move into the superstructure

Kesselhaus mit Kohlebunkern Boiler house with coal bunkers

Ein 1. Preis

Casino Kohlebunker

Johannes Kettler
Sebastian Schmidt
Bauhaus-Universität Weimar
Prof. Karl-Heinz Schmitz

Aus der Beurteilung des Preisgerichts:

Das von den Verfassern entwickelte Nutzungsszenario eines gigantischen Spielcasinos scheint geeignet, die große Hülle sinnvoll zu füllen. Mit enormer Opulenz wird das immense Volumen bespielt und die Eigenart der freigelegten Konstruktion inszeniert. Eine noch schlüssigere Zuordnung und Verschichtung der Funktionen im Sockelbereich hätte dem Konzept allerdings gut getan. Schön gelungen ist die Platzierung und Ausformulierung der Eingangssituation in Grundriss und Aufriss, die mit einer bewussten Störung der regelmäßigen Hausstruktur arbeitet. Auch die mit selbstverständlicher Geste ergänzte Gebäudekontur überführt die Teile zu einem neuen Ganzen. Die Darstellung ist subtil und doch gleichermaßen geeignet, eine präzise Vorstellung von dem magischen, verruchten Reiz eines möglichen Spielerschicksals in Vockerode zu geben.

From the jury's assessment:

These authors' scenario for use as a gigantic casino represents an apparently suitable way of filling the huge shell. The immense volume is utilised opulently and the unique characteristics of the revealed construction are brought to the fore. However, the concept would have benefited from a more logical layout and allocation of the functions in the basement area. One very successful aspect is the placement and development of the entrance situation on both the ground plan and the elevation; this employs a conscious disruption of the regular building structure. The expressive extension of the building's contours also creates a new whole from the various components. The depiction is subtle, yet capable of conveying a precise idea of the magical, depraved attraction of a gambler's fate in Vockerode.

Spieltisch im Kessel Games table in a boiler

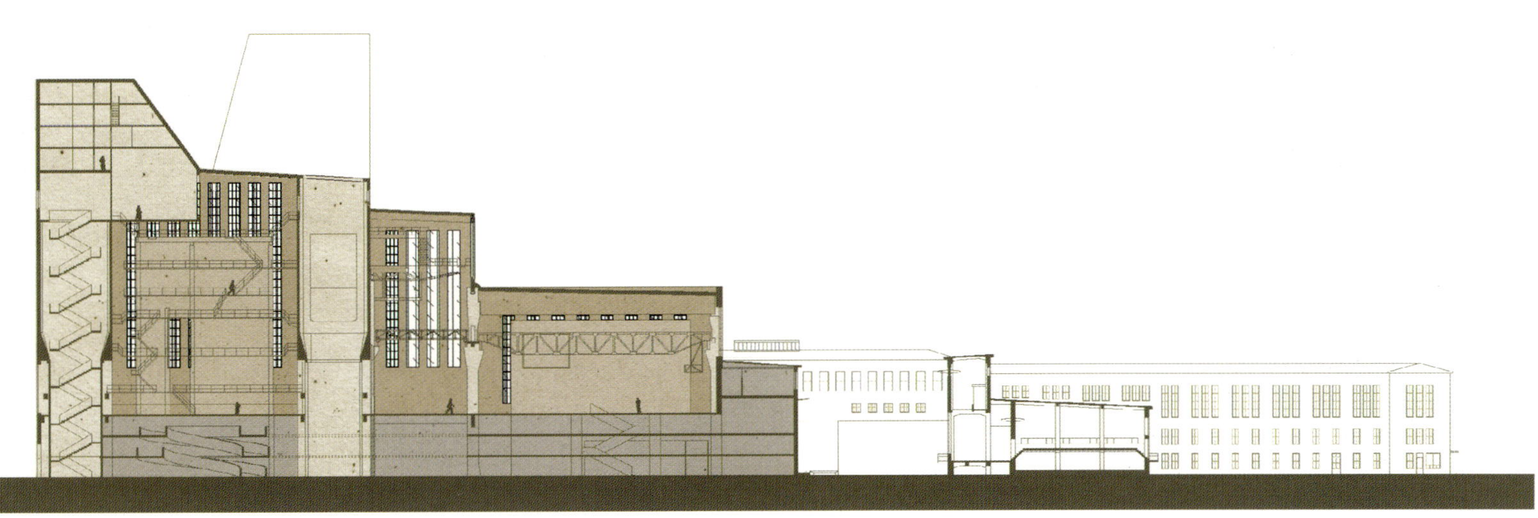

Querschnitt Cross section

Ansicht von Westen West elevation

Warenhaus am See Department store on the lake

Ankauf

Warenhaus

Jan Lindschulte
Thiele Nickau
Sebastian Wolf
Universität der Künste Berlin
Prof. Adolf Krischanitz

Aus der Beurteilung des Preisgerichts:

Das Projekt *Warenhaus* entwickelt sowohl als architektonisches als auch atmosphärisches Szenario eine ungewöhnliche Suggestivkraft. Die bewusste Deplatzierung oder Translozierung eines großstädtischen Programms in den Landschaftsraum Elbe verblüfft zunächst, zeigt aber im Zusammenhang mit Autobahn und Gartenreich eine vergleichsweise hohe Plausibilität, die auch durch eine Modifikation resp. durch eine pragmatische Umgebungsgestaltung ihren szenischen Reiz nicht verlieren würde. Der vermeintliche Widerspruch zwischen Kunst und Handel wird dabei klug gegeneinander ausgespielt, so dass letztlich eine neue Ganzheit zu erwarten ist: insgesamt ein Konzept, das die Reibung mit der Realität bestehen könnte – den Versuch wäre es allemal wert.

From the jury's assessment:

As an architectonic as well as an atmospheric scenario, the project *Department Store* generates an unusual suggestive power. Initially, the conscious de-placement or translocation of a big-city programme to the Elbe landscape is astounding, but in the context of the motorway and the Garden Kingdom it appears fairly plausible. Even modification or a pragmatic design of the surroundings would not diminish the scenic attraction. Art and commerce, with their supposed contradictions, are cleverly played off against each other, and ultimately one may expect a new whole. Overall, this is a concept that could pass the test of reality – it would certainly be worth trying.

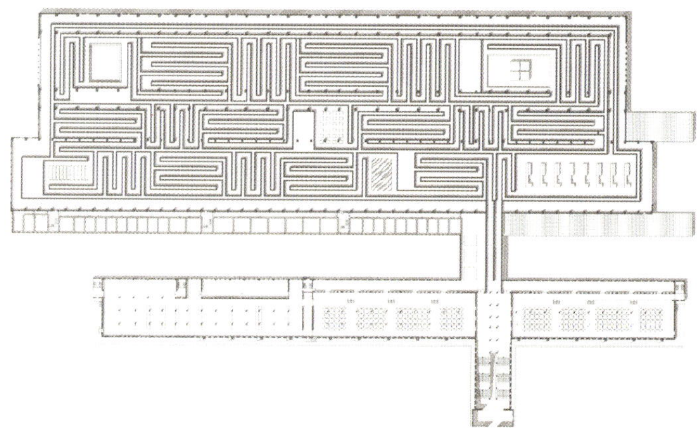

Grundriss, Ebene 1 Ground plan, level 1

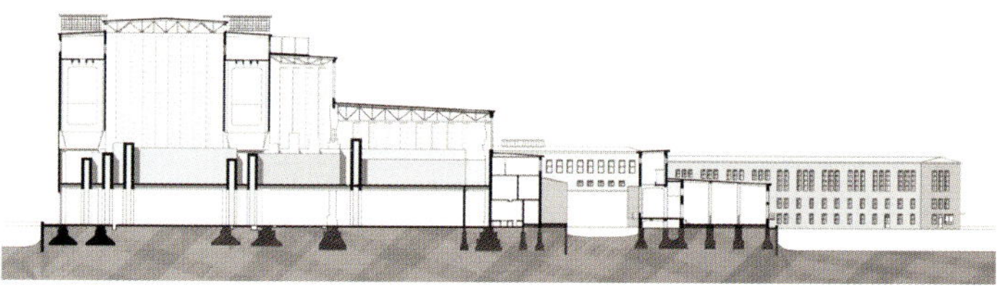

Querschnitt Cross section

2
KASSE
Frisch-
Geflügel
aktuelle
Wochenknüller
kompromißlos billig
Tickets
Baby
Feinschmecker
Die Beauty Markenwelt
von A-Z!
Hobby
Beauty
I shop
therefore
I am

Fassade Norden North façade

Längsschnitt Longitudinal section

Ankauf

Justizvollzugsanstalt Vockerode

Ivanka Maric
Universität Stuttgart
Prof. Arno Lederer

Aus der Beurteilung des Preisgerichts:

Die radikale Umnutzung des Kraftwerks als Justizvollzugsanstalt erweist sich tatsächlich als „behutsamer" Vorschlag, der für den monumentalen Baukörper verträglich, ja geradezu angemessen erscheint. Die Arbeit führt die Interpretation dieses Typus eines neuen Gebrauchs in beängstigender Konsequenz vor: Die „Gebäudemaschinerie" der großindustriellen Energieproduktion wird dargestellt als geeigneter Ort für einen industrialisierten Strafvollzug. Das „Leben der Häftlinge" lässt sich dort als serieller Funktionsablauf hervorragend organisieren. So rückt der Industriebau passgenau in die Tradition der Gefängnisarchitektur, als ein hocheffizienter Ort der Überwachung, aber auch der Transformation, wenn Strafe als kontrollierte Läuterung und Produktion von „sanfter Energie" begriffen wird: eine klassische Heterotopie also, eine soziale Enklave, die freilich von ihrem Standort und ihrer nicht zu unterschätzenden Fernwirkung keinen Gebrauch machen kann.

From the jury's assessment:

In fact, this radical conversion of the power plant into a detention centre proves to be a "cautious" suggestion; it seems acceptable, even quite suitable for the monumental building. The entry presents a frighteningly consistent interpretation of this new usage: the "structural machinery" of large-scale industrial energy production is projected as a suitable setting for an industrialised penal system. Here, the "life of the inmates" can be organised excellently as a sequence of functions. The industrial building fits precisely into the tradition of prison architecture; as a highly efficient place of supervision, but also of transformation, if punishment is understood as controlled reformation and the production of "gentle energy". This is therefore a classic heterotopia; a social enclave, although of course one that can make no use of its location and the inestimable impact of the site from a distance.

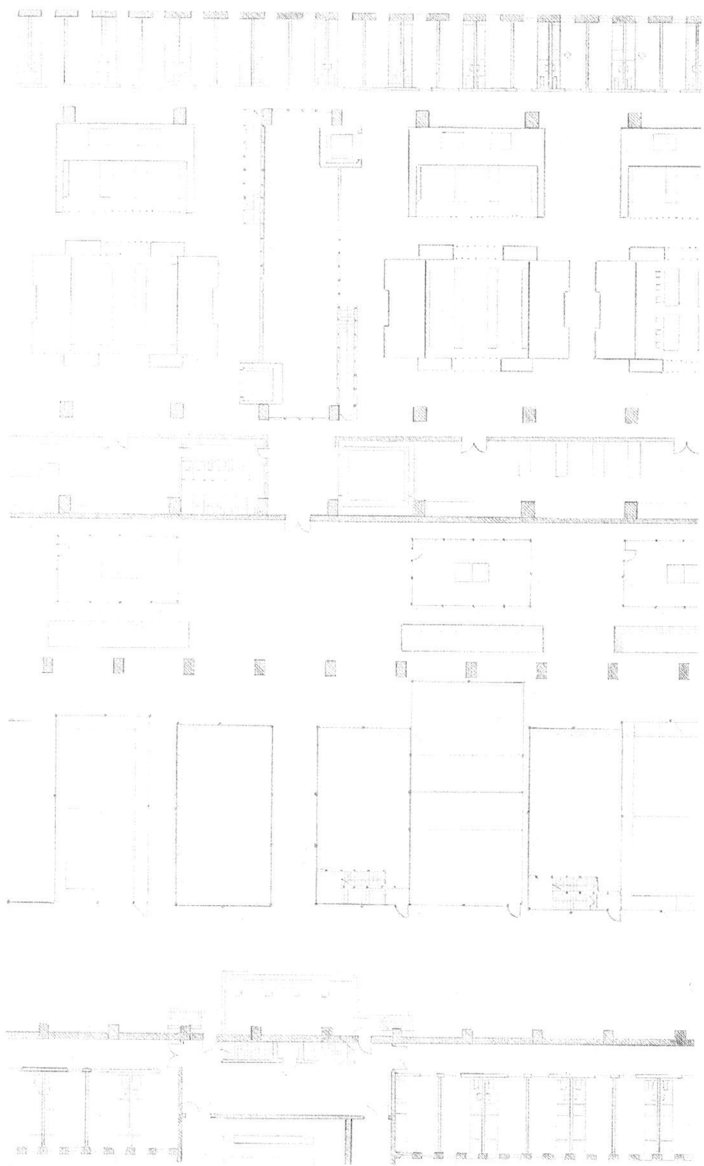

Ausschnitt Grundriss, Ebene 1 Section of ground plan, Level 1

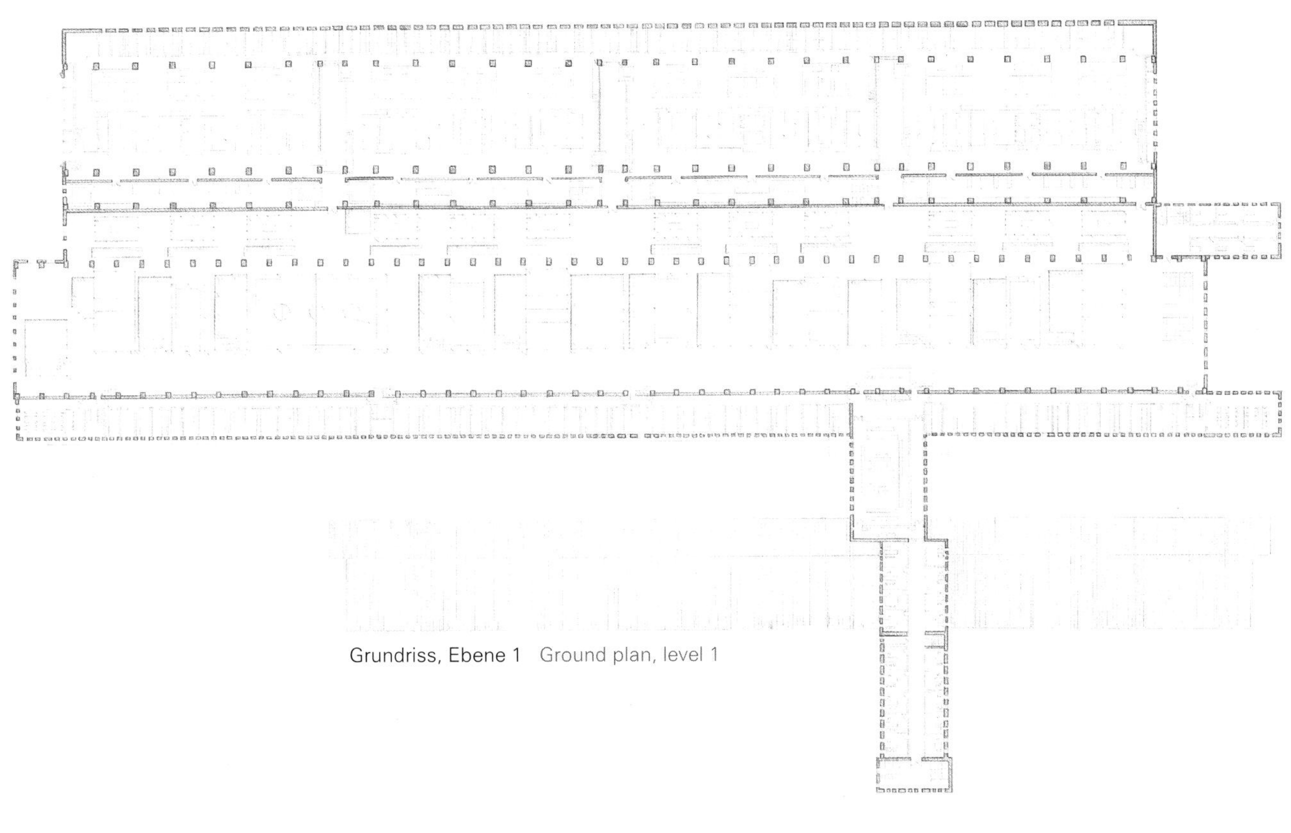

Grundriss, Ebene 1 Ground plan, level 1

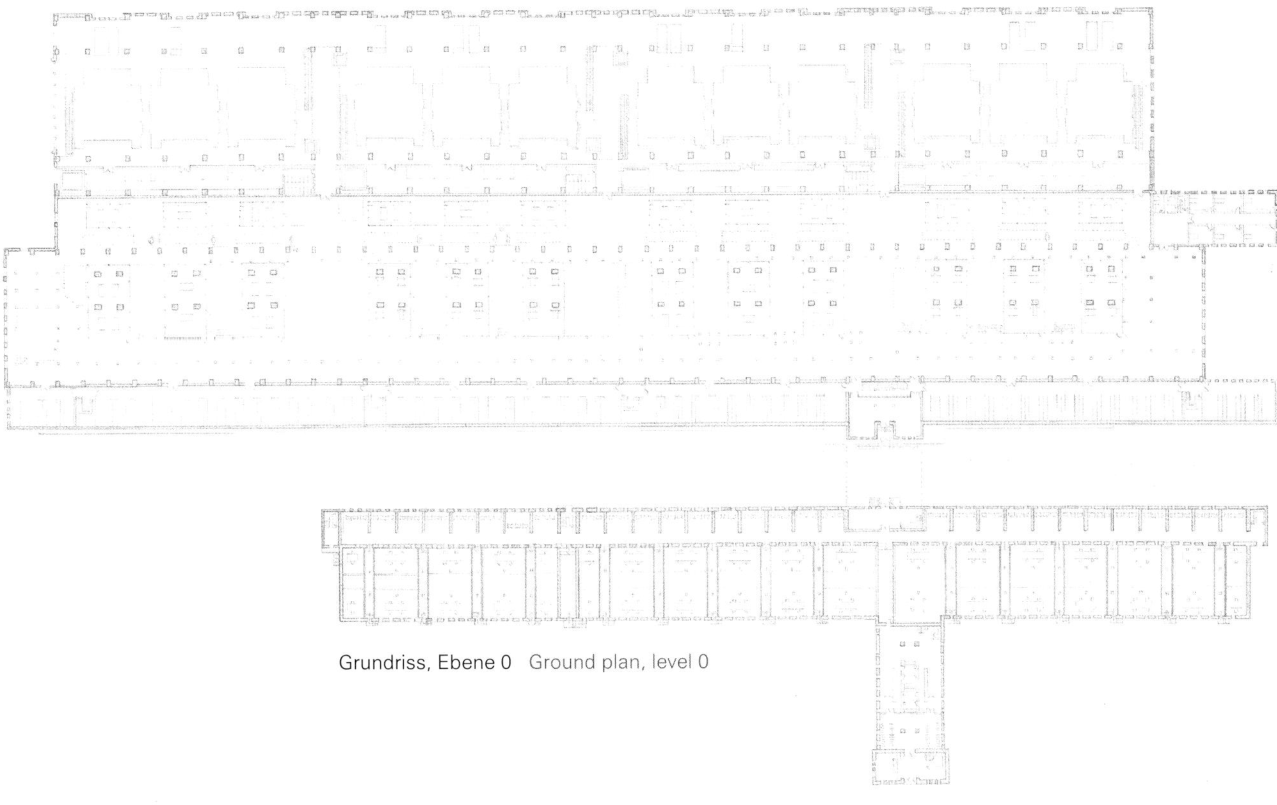

Grundriss, Ebene 0 Ground plan, level 0

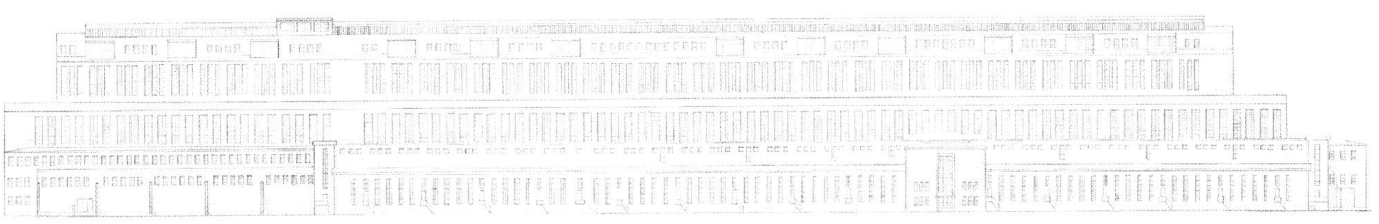

Fassade Süden South façade

Ansicht von Osten East elevation

Ankauf

White Light / White Heat

Tobias Kreye
Universität Stuttgart
Prof. Arno Lederer

Aus der Beurteilung des Preisgerichts:

Nicht mehr als eine beträchtliche Menge weißer Farbe genügen für den Wandel vom Kraftwerk zum Kunstwerk. Zuvor wird alles ausgeräumt, was nicht niet- und nagelfest ist, bis nur die konstruktive Hülle übrig bleibt. Die Transformation lässt ein weißes (Märchen-)Schloss entstehen, das wie der Fliegende Holländer unwirklich aus der Umgebung auftaucht und hervorragend geeignet ist für ebenso traumhafte Events, wie etwa Fellinis päpstliche Modenschauen in Rom oder ein Auftritt von Madonna. Das einzig Neue ist ein Spalier von mehreren Dutzend Toiletten – weiß lackierte „Dixis", die vor dem Koloss Wache halten. Insgesamt ein überaus minimalistisches Konzept, das wenig kostet, aber weit über die Region hinaus eine hohe Ausstrahlung haben könnte.

From the jury's assessment:

No more than a huge amount of white paint is required to transform the power station into a work of art. Beforehand, everything that is not nailed down is cleared out so that only the constructive shell remains. The transformation gives rise to a white (fairy-tale-) castle, which suddenly and surreally materialises – like the Flying Dutchman – from amidst its surroundings. This is highly suitable for equally visionary events, such as Fellini's papal fashion shows in Rome or a performance by Madonna. The only addition is a row of several dozen toilets – white-painted "Portaloos" that stand guard in front of the Colossus. Overall, this is an extremely minimalist concept, which costs very little but has great potential and could extend an influence far beyond regional boundaries.

Kesselhaus Boiler house

Lageplan Location

Ankauf

Stehen bleiben, nicht stehen lassen

44 **Jan Schlüter**

Bauhaus-Universität Weimar
Prof. Karl-Heinz Schmitz

Aus der Beurteilung des Preisgerichts:

Der Verfasser nimmt sich die Freiheit, eine radikale Verformung des historischen Industriegebäudes vorzuschlagen. Damit gibt er dem Ort und dem Bauwerk eine völlig neue Bestimmung. Gleichwohl nimmt das neu konzipierte Gebilde die Geschichte des Ortes und die Geschichte des alten Gebäudes – und nicht umgekehrt – in überzeugender Art und Weise auf, die als sichtbare Erinnerung bewahrt werden. Die besondere industrielle Prägung der Räume bleibt erhalten, und das Abrissmaterial wird zur Formung der neuen Räume genutzt. Die Arbeit besticht durch ihre Darstellung, die den architektonischen Leitgedanken sehr überzeugend zum Ausdruck bringt. Der Student verfolgt zwar nicht den praktischen Verwertungsgedanken, doch versteht er es, aus einer Ruine und mit „Mies'schen" Zutaten ein Objekt von hoher architektonischer Qualität zu schaffen, das für sich gesehen eine hohe Anziehungskraft hat.

From the jury's assessment:

The author is bold enough to suggest a radical change in the shape of the historical industrial building. In this way, he gives the site and the building an entirely new direction. Nonetheless, the newly-conceived ensemble convincingly adopts the history of the location and of the old building – and not the other way around. These are retained as a visible reminder. The distinctive industrial profile of the space is retained and the demolition material is used to make the new rooms. The depiction is striking, expressing the key architectural ideas in a very convincing manner. It is true that the student does not pursue any idea for practical usage, but he proves capable of creating an object of considerable architectural merit from a ruin and some "Mies van der Rohe" ingredients. This object holds a great attraction in itself.

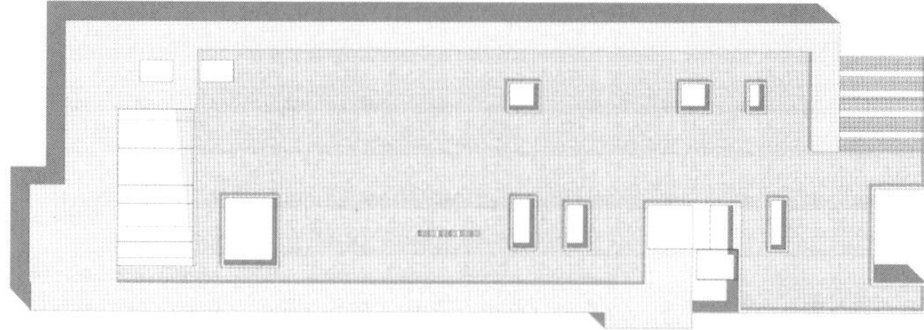
Aufsicht, Ebene 1 Top view, level 1

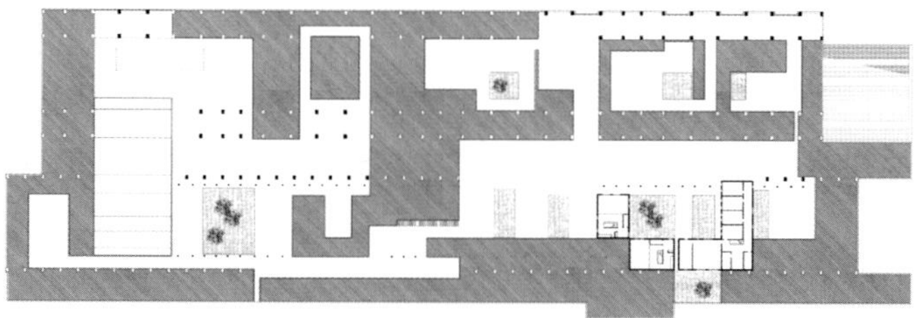
Grundriss, Ebene 0 Ground plan, level 0

Verbliebene Räume, Ebene 0 Remaining rooms, level 0

Atrium, Ebene 0 Atrium, level 0

Querschnitt mit verfüllten Räumen Cross section with backfilled rooms

Querschnitt 2 Cross section 2

Querschnitt 3 Cross section 3

Stützenreihe Row of stanchions

Aufgefülltes Material Filled-in material

Durchblicke Vistas

Kultur, Ausbildung und Wohnen

Culture, Education and Housing

Durch die Einbettung in das Dessau-Wörlitzer Gartenreich und das Biosphärenreservat erscheint das Areal wie geschaffen, für Tourismus, Gastgewerbe und längeren Aufenthalt entwickelt zu werden. Eine hervorragende infrastrukturelle Anbindung, die schnelle Erreichbarkeit der kulturellen und wirtschaftlichen Zentren der Region und die Einmaligkeit des Ortes lassen ein auf vielfältige Art miteinander verknüpftes Kultur-, Ausbildungs- und Freizeitangebot, das zudem Hotel- und unterschiedliche Wohnfunktionen umfasst, entstehen. Die Unterbringung von Gästen und die Ansiedlung von Internaten und Ausbildungszentren würden das Wohnumfeld und die Einrichtungen des täglichen Bedarfs im Ort unterstützen und deren Qualität erhöhen.

Embedded as it is in the Dessau-Wörlitz Garden Kingdom and a biosphere nature reserve, the site might almost have been made for the development of tourism, the hotel and restaurant industry, and long-term housing opportunities. Excellent infrastructural connections, easy accessibility from the cultural and economic centres of the region, and the unique character of the site; these constitute the best possible conditions in which to promote a network of cultural, educational and leisure activities, and to construct hotels and a range of housing. Guest accommodation and the foundation of boarding schools and training centres would augment the town's living environment and everyday services, helping to improve their quality.

Großkraftwerk „Elbe", Maschinenhaus, Ebene 0
Power plant „Elbe", machine shop, level 0

Neues Eingangsgebäude New entrance building

Das Tor zum Gartenreich

Hiroki Nakamura
Tobias Zeller
Bauhaus-Universität Weimar
Prof. Karl-Heinz Schmitz

Das Kraftwerk wird zum neuen Eingang des Dessau-Wörlitzer Gartenreichs. Während des Rundgangs durch das Kraftwerk erlebt der Gast die Atmosphäre des Ortes, indem sich das Denkmal mit seiner räumlichen Struktur selbst ausstellt und in seinen Oberflächen von der Vergangenheit erzählt.
Im ehemaligen Schalthaus, das als Eingangsbau dient, bildet ein Hof oberhalb der Garageneinfahrt den Auftakt des Weges. Der schrittweise Aufstieg und das Überqueren der Brücke versinnbildlichen das Verlassen der Alltagswelt. Der Garten in der Maschinenhalle verheißt dem Gast Entspannung, und anstelle einer Kesseleinheit entsteht ein Forum für Diskussionen und Vorträge. Eine Freitreppe ist der Elbe zugewandt und entlässt den Besucher in die vom Deich geschützte Kulturlandschaft. Hier angekommen, kann der Reisende seinen Weg zu den historischen Stätten des Gartenreichs zu Fuß fortsetzen, oder er mietet sich ein Fahrrad, Ruderboot oder eine Draisine, um dorthin zu gelangen.

The power plant becomes the new entrance to the Dessau-Wörlitz Garden Kingdom. During a tour through the power station, guests experience the atmosphere of the place; the monument reveals its spatial structure and the walls relate their own past. In the old transformer station, which functions as a reception area, a court above the garage entrance is the start of the tour. Climbing up to this step by step and crossing the bridge symbolise a farewell to everyday life. The garden in the turbine hall promises relaxation, and a forum for discussion and lectures is created in place of one set of turbines. An open staircase faces the Elbe and takes leave of the visitor as he enters the cultural landscape, protected by the dyke. Once he has arrived, the traveller can explore the historical sites of the Garden Kingdom on foot, or he can hire a bicycle, rowing boat or a rail trolley to continue on his way.

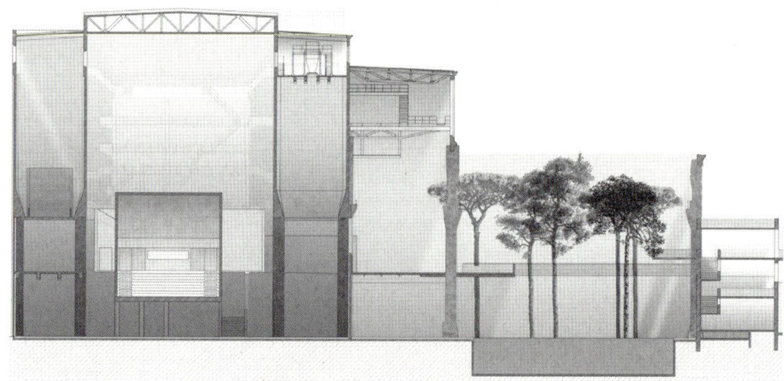

Querschnitt Hauptbau Cross section of main building

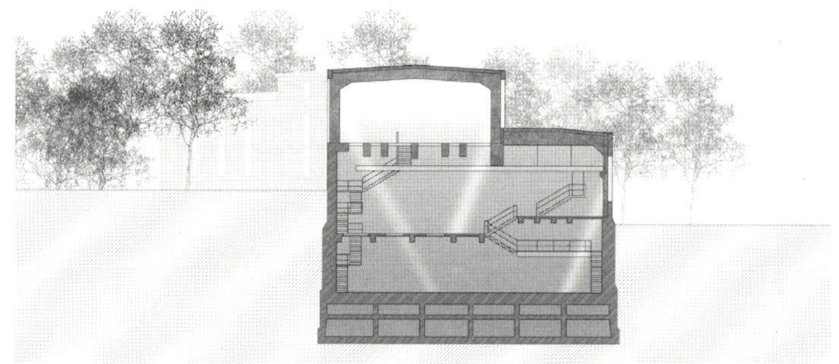

Querschnitt Einlaufgebäude Cross section of in-feed building

Foyer im Kesselhaus Foyer in the boiler house

Maschinenhalle Machine shop

Landesinternat Sachsen-Anhalt

Michael Friedrich
Technische Universität Dresden
Prof. Thomas Will

Neben der schulischen Grundbildung können sich die Schüler des Landesinternats in zahlreichen anderen Bereichen des Alltags betätigen. So gibt es viele Angebote, die handwerkliche, gärtnerische oder künstlerische Neigungen fördern, und ein umfassendes Sportprogramm in der landschaftlich reizvollen Umgebung. Im ehemaligen Kesselhaus ist das Internat untergebracht. Das Hilfsmaschinenhaus nimmt die Erschließung auf, im anschließenden ehemaligen Maschinenhaus befindet sich die Ereigniszeile, im Verwaltungstrakt sowie im Schalthaus die Schule mit angrenzender Mensa. Im Empfangsgebäude an der Griesener Straße sind das Direktorat, die Verwaltung und die Aula untergebracht. Im Erdgeschoss sind die Werkbereiche vorgesehen, in die sich Handwerker und Künstler einmieten können, um in der Verflechtung mit dem Schulbetrieb das Bildungsangebot zu erweitern.

Besides a basic school education, the pupils of this state boarding school can join in activities within many other fields of everyday life. There are opportunities to promote interests in crafts, gardening or art, and a comprehensive sport programme in the attractive surrounding landscape. The dormitories are located in the former boiler house. The entrance area is in the auxiliary power house and the "events section" in the adjacent, former power house. The school classrooms and adjacent canteen are accommodated in the administration block and the transformer station. In the reception building on Griesener Straße one finds the principal's office, the administration and an assembly hall. The workshop areas are planned on the ground floor; craftsmen and artists can rent rooms here, thus extending the educational opportunities offered by means of networking with the school.

Blick durch die Internatsriegel View through the boarding-school block

Betriebstraße mit Aufgängen Operating line with stairways

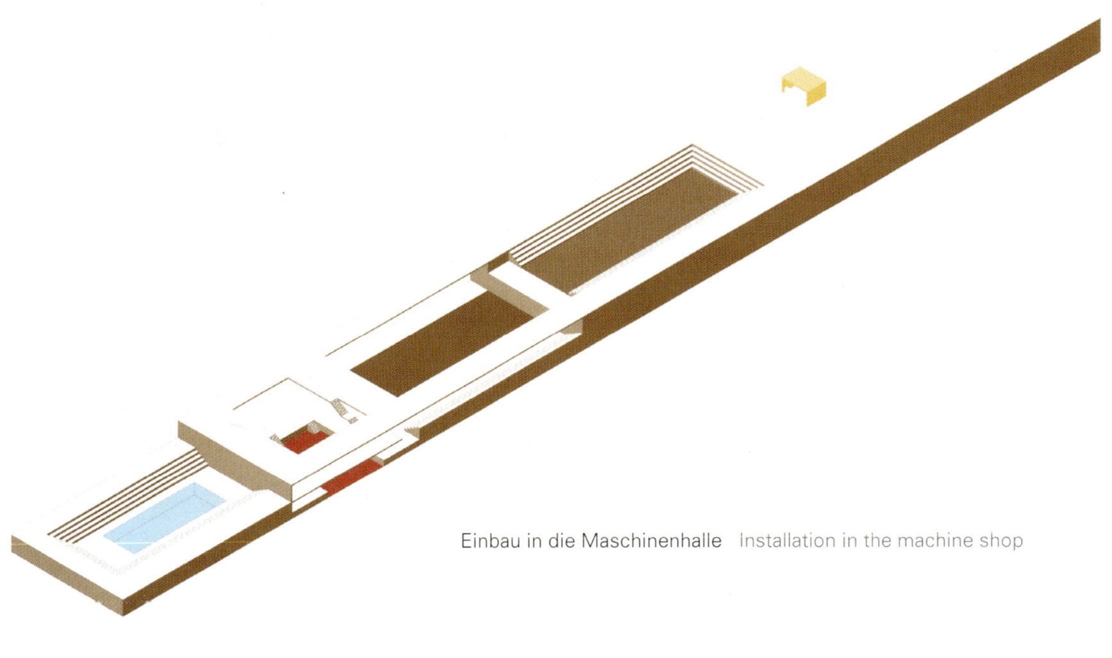

Einbau in die Maschinenhalle Installation in the machine shop

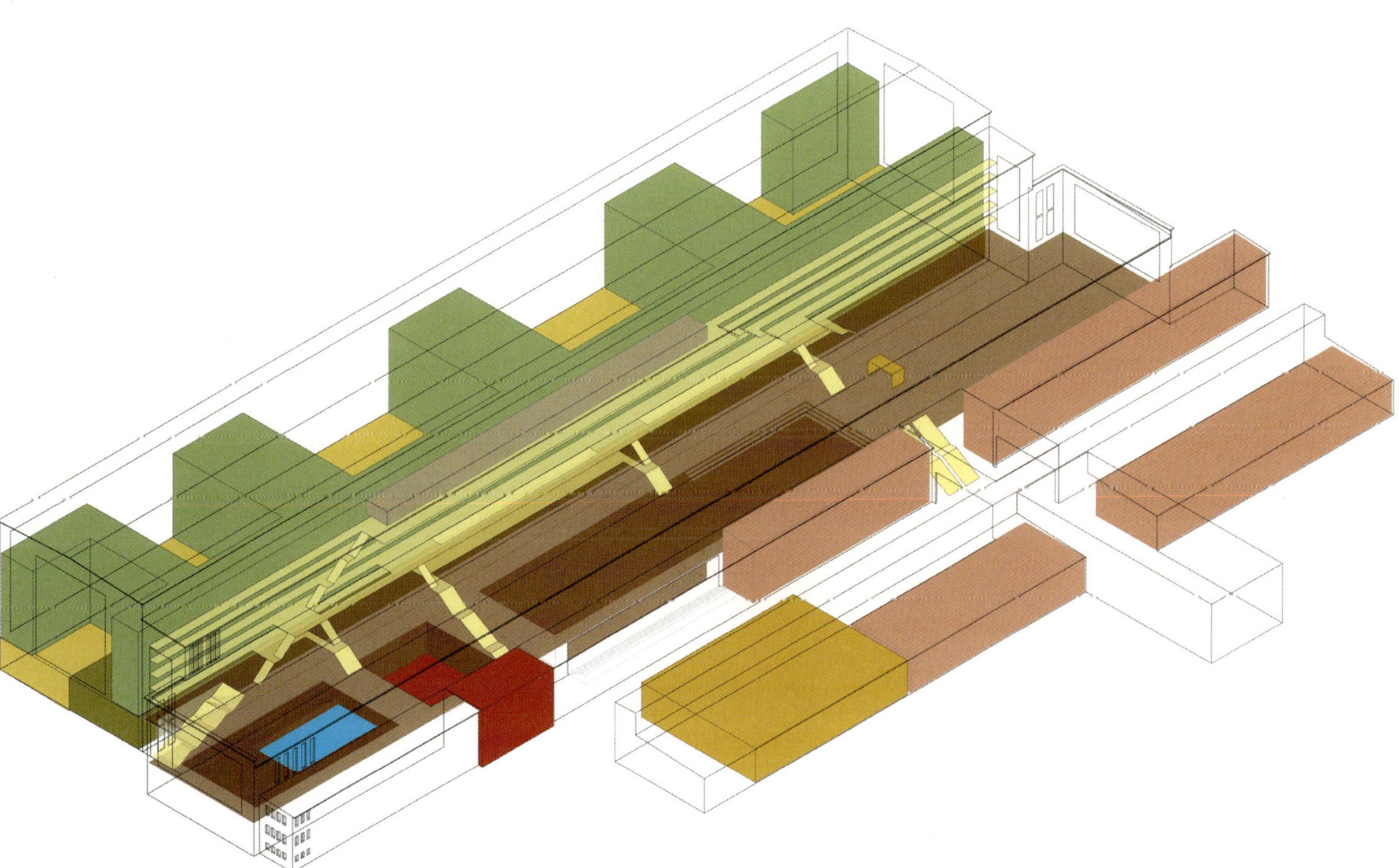

Funktionsverteilung Distribution of functions

Eingang in der Südfassade Entrance in the south façade

Urlaubszentrum Gartenreich

52 **Alexander Spering**

Universität Dortmund
Prof. Walter Arno Noebel

Durch den Rückbau des Schalt- und Hilfsmaschinenhauses wird eine Trennung zwischen dem neuen Hotel und dem geplanten Casino und Veranstaltungsgebäude hergestellt. In die bestehenden Durchbrüche im ehemaligen Maschinenhaus, in dem sich die Veranstaltungshalle und das Casino befinden, wurden kubische Körper eingestellt, die geschlossene Räume in der offen belassenen Halle anbieten. Durch ein neues Übergangsgebäude an der Stelle des alten Hilfsmaschinenhauses ist ein Hotel im Kesselhaus erschlossen. Hier entstanden vier mit einem Glasdach abgeschlossene Höfe. Die Hotelzimmer wurden in den alten Kohlebunkern untergebracht und können nach dem Abriss des Hilfsmaschinenhauses natürlich belüftet werden. An der Elbe wurde ein Sportclub mit Geräteverleih und mit Umkleidemöglichkeiten angelegt, von dem die direkt am Wasser befindlichen Sportanlagen erreicht werden können.

The demolition of the transformer station and auxiliary power house creates a space between the new hotel and the planned casino and events building. Cubic volumes are inserted into the existing cavities in the former power house, where the events hall and the casino are now situated. Although the hall is left open, these volumes provide self-contained rooms within it. A hotel in the boiler house is accessed through a new, bridging structure that replaces the old auxiliary power house. Four courtyards covered by a glass roof will be built here. The hotel rooms are located in the old coal bunkers; after the demolition of the auxiliary power house, these have natural ventilation. A sports club with equipment hire and changing facilities is established beside the Elbe; sports facilities directly by the water can be accessed from here.

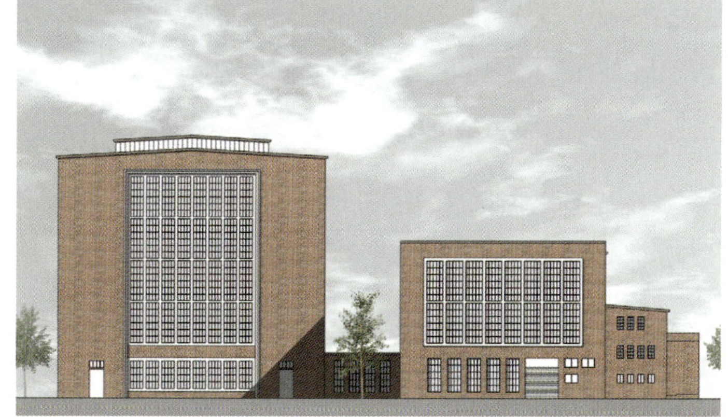

Fassade Westen West façade

Querschnitt Cross section

Foyer Foyer

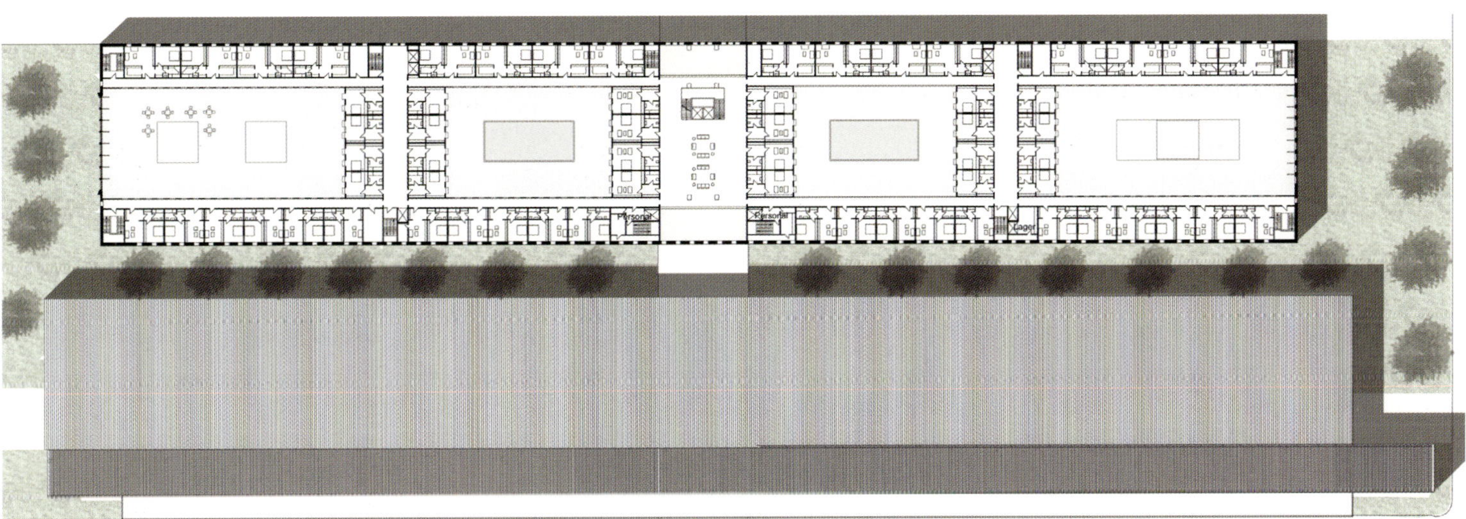
Grundriss Hotelgeschosse Ground plan, hotel floors

Fassade Süden South façade

Ansicht von der Elbe View from the Elbe

Utbildingsfabrik: vitt guld

Ute Burdelski
Janna Dorothee Helm-Drube
Universität der Künste Berlin
Prof. Adolf Krischanitz

Die Ausbildung in den Bereichen Elektronik und Mechatronik von Vattenfall Europe wird in Vockerode gebündelt und mit einer eigenen Schule gekoppelt. Einer gesamtheitlichen Firmenphiliosophie folgend, sind auch ehemalige Mitarbeiter eingeladen, die im Zusammenleben mit der jungen Generation eine neue Heimat finden und ihre Erfahrungen einbringen sollen. Sie werden der schwedischen Lebensphilosophie entsprechend als *vitt guld – das weiße Gold* der Gesellschaft – integriert. Um dem Miteinander einen Raum zu geben, wird eine umfassende Stadtstruktur erstellt. Neben einem hohen Wohnturm für Schüler und darin integrierten altersgerechten Wohnungen an der Elbe werden im ehemaligen Kesselhaus unter anderem ein Kino, ein Schwimmbad und ein Supermarkt eingerichtet. Ein langer Fußgängersteg dient der Erschließung und wirkt als Schnittstelle zwischen den Bereichen der *Utbildingsfabrik* und der Umgebung.

Vattenfall Europe's training in the fields of electronics and mechatronics is concentrated in Vockerode, together with a specialist company school. Pursuing an integral company philosophy, retired employees are also invited. The intention is for them to find a new home living together with the young generation and to bring in their experience. In accordance with the Swedish philosophy of life, they are integrated as *vitt guld – the white gold* of the company. In order to create a space for this cohabitation, a comprehensive urban structure is created. Beside a residential tower for students with suitable apartments for all ages, facing the Elbe, the former boiler house will also include a supermarket, a swimming pool and a cinema. A long pedestrian bridge provides access and functions as an interface between the areas of the *Utbildingsfabrik* and its surroundings.

Eingangsachse Entrance axis

Erschließungsraum Access area

ausleben_

Maschinenhalle mit Einbauten Machine shop with installations

Queen Mary, Dry

56 **Larissa Eichmann**
Universität Dortmund
Prof. Walter Arno Noebel

Das Hotel im Kraftwerk soll in das Gartenreich integriert werden und damit ein Ziel desselben übernehmen: die Vermittlung von Wissen über die Gartengestaltung. Drei unterschiedliche Landschaften erstrecken sich durch das Hotel. Vier Gärten aus Rosengewächsen schmücken das Kesselhaus. Im Maschinenhaus werden vier Wasserbereiche mit unterschiedlichen Wasserpflanzen angelegt. Orchideengärten erfüllen das Schalthaus des Kraftwerks mit ihrem Duft. Neben der Gartengestaltung werden Naturelemente auf die vorhandene und hinzugefügte Architektur projiziert. Drei neue Körper verbinden die Nord- und Südbunker des Kesselhauses und überragen geringfügig den Hauptbau des Kraftwerks. Nutzungsbereiche im Maschinenhaus werden durch die vorgehängte Glasfassade vor Einwirkungen des umliegenden Raumes geschützt.

The hotel in the power plant is to be integrated into the Garden Kingdom and thus adopts one of the Kingdom's aims: to convey knowledge of garden design. Three different landscapes extend through the hotel. Four rose gardens embellish the boiler house. In the power house, four water areas with different water plants are laid out. Gardens of orchids fill the transformer station with their distinctive scent. In addition to garden design, natural elements will be projected onto the existing and newly-built architecture. Three new volumes link the north and south bunkers of the boiler house, projecting slightly above the main building of the power station. The functional areas of the power house are protected from influence from their surroundings by a suspended glass façade.

Querschnitt Cross section

Kesselhaus Atrium Boiler house, atrium

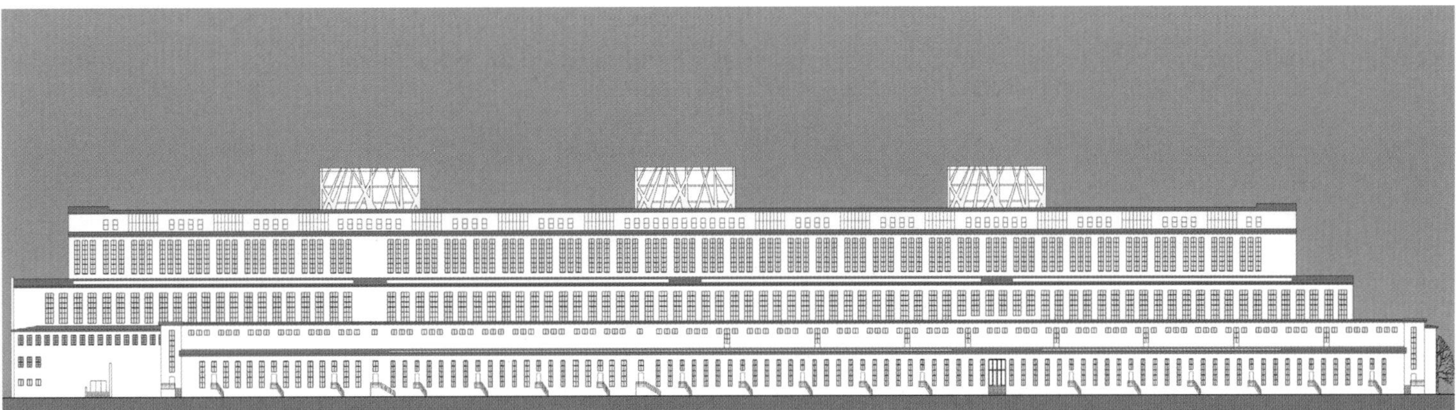

Fassade Süden South façade

Kesselhaus, Längsschnitt Boiler house, longitudinal section

Grundriss Hotel, Regelgeschoss Ground plan hotel, typical floor

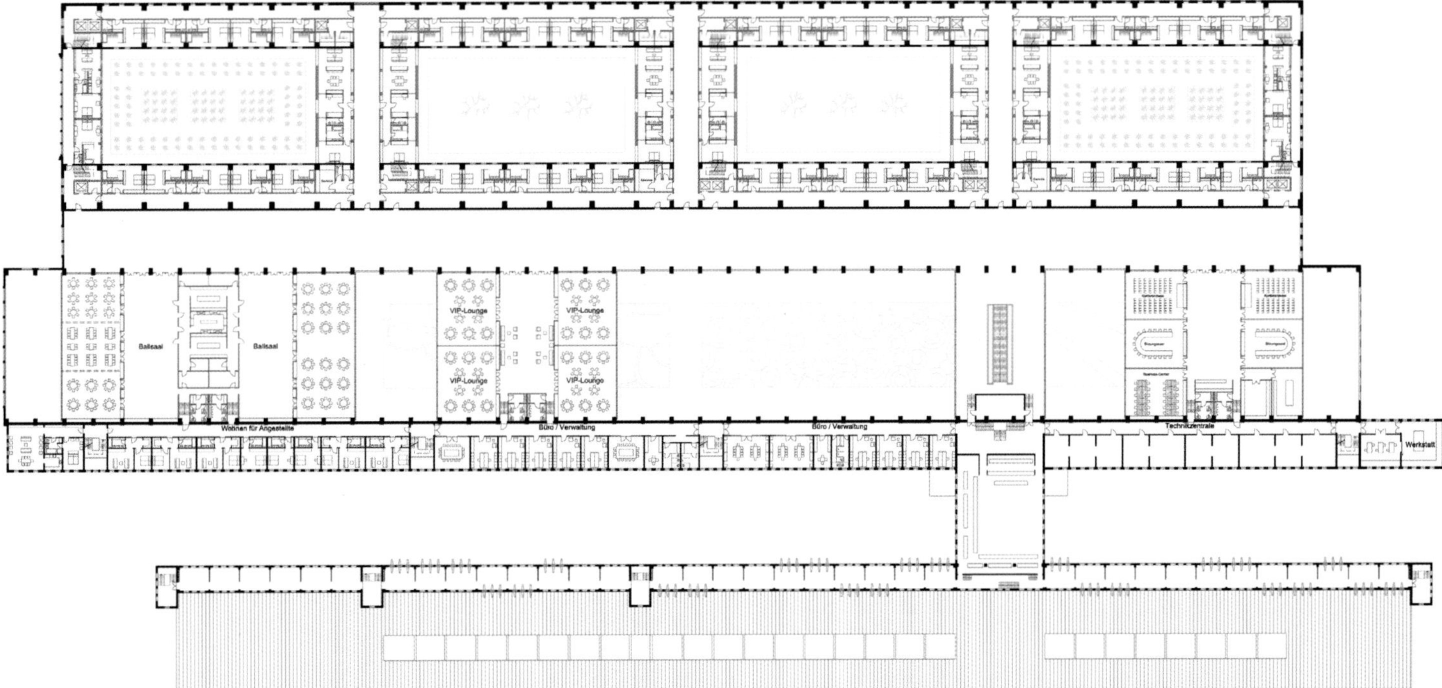

Grundriss, Ebene 1 Ground plan, level 1

Grundriss, Ebene 1 Ground plan, level 1

Elbwerk

58 **Silja Ebert**

Technische Universität Berlin
Prof. Klaus Zillich

Der Aufbau des *Elbwerks* aus den Modulen Theater, Musik, Tanz und Film erlaubt eine phasenweise, an finanzielle und inhaltliche Bedürfnisse angepasste Entwicklung und die Förderung durch verschiedene Institutionen. Die Räume für Projekte, Proben, Recherchen und Performances sind, den vorhandenen Raumstrukturen folgend, nebeneinander angeordnet. Die Grundausstattung der Proberäume kann nach Bedarf ausgebaut werden. Ausgewiesene Zonen für Nebennutzung ermöglichen das Zuschalten weiterer Räume. Im Schalthaus sind die Unterkünfte des Kulturstandorts untergebracht. Die Einbauten der neuen Nutzungsschicht in die Räume des Kraftwerks werden als eigenständige Körper verstanden, die im Zusammenspiel mit den vorgefundenen Strukturen die Raumwirkung intensivieren. Das niveauvolle Restaurant, der große Saal und die öffentlichen Bereiche der Anlage sprechen unterschiedliche Besuchergruppen an und bilden ein Initial für die Entwicklung der Region.

The construction of the *Elbwerk* from theatre, music, dance and film modules allows for a phase-by-phase development. Progress can thus be made according to funds available and the required content, with support from diverse institutions. Rooms for projects, rehearsals, research and performances are arranged beside one another, following the existing spatial structures. The basic equipment of the rehearsal rooms may be supplemented where required. Special zones for secondary use can be created through the inclusion of additional rooms. The accommodation of the cultural centre is situated in the transformer station. The installations for aspects of innovative use in the power station's rooms are understood as independent volumes; these intensify the space's impact in interplay with the existing structures. The centre's high-class restaurant, the large hall and the public areas address different groups of visitors and will provide a trigger for development in the region.

Betriebstraße Operating line

Ansicht von Norden North elevation

Maschinenhalle Machine shop

Musikkapseln im Maschinenhaus Music capsules in the machine shop

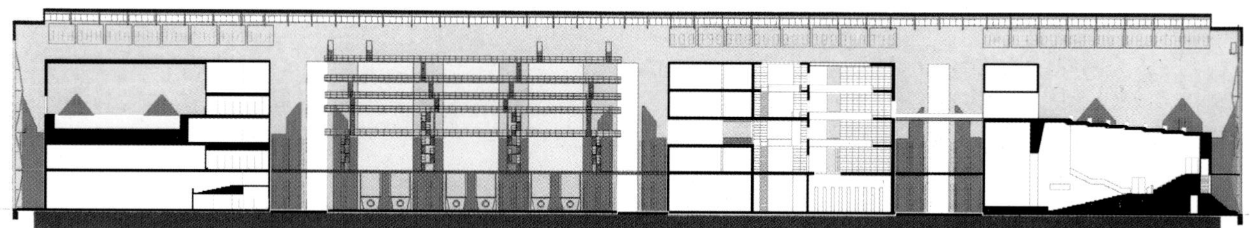

Kesselhaus, Längsschnitt Boiler house, longitudinal section

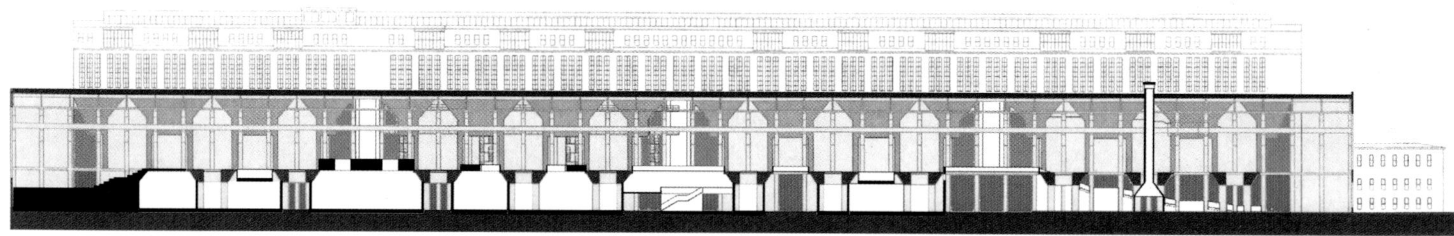

Maschinenhaus, Längsschnitt Machine hall, longitudinal section

Europa Sei! Forum Vockerode

Sebastian Heinemeyer
David Lieser

Bauhaus-Universität Weimar
Prof. Karl-Heinz Schmitz

Im Großkraftwerk „Elbe" treffen sich für eine bestimmte Zeit Jugendliche aller europäischen Länder, um sich interdisziplinären Projekten zu widmen. Der Entwurf versucht durch subtile Addition von Elementen, in den bestehenden strukturellen Gegebenheiten ein neues räumliches Konzept zu entwickeln, das die Funktionsweise des Forums optimal unterstützt und die vorhandene Situation in einigen Bereichern übersteigert, ohne die ursprünglichen Charakteristika wesentlich zu verändern. Der poetische Außenraum mit Streuobstwiese und Rosengarten ist wichtiger Bestandteil des Studierens, des Wandelns und der Inspiration. Der Außenraum verbindet das Gebäude mit einer breiten Öffentlichkeit. Seine Durchwegung stellt die Verbindung zum Elbradwanderweg her und verknüpft das Großkraftwerk mit der kulturellen Landschaft der drei UNESCO-Weltkulturerbestätten.

Over a specified period, young people from all European countries meet in the power plant "Elbe" to work on interdisciplinary projects. By subtly adding various elements, the design attempts to develop a new spatial concept within the existing structural conditions. This should provide an optimal foundation to the forum's functional approach, and intensify the existing situation in some areas without essentially altering the building's original character. The poetic external areas with a wild fruit field and rose garden are an important component of the atmosphere of study, change and inspiration. The external area provides contact to a wider public. The paths through it create a link to the Elbe cycle track and connect the power plant to the cultural landscape of the three UNESCO World Cultural Heritage sites.

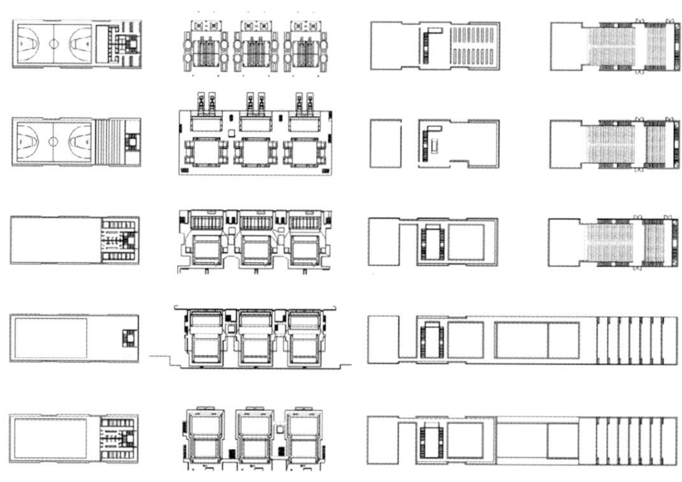

Entwicklung der vier Kesselblöcke Development of the four boiler blocks

Neue Räume im Kesselhaus New rooms in the boiler house

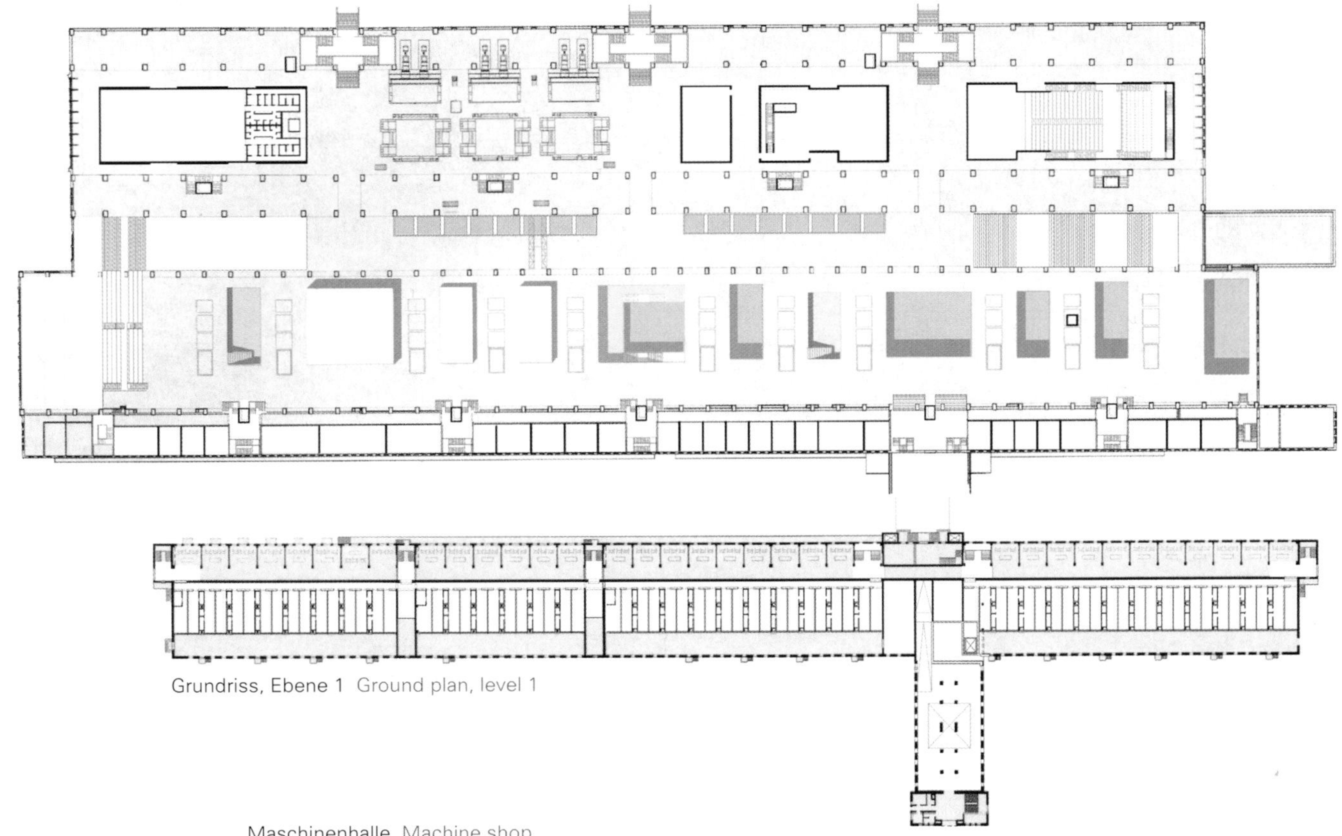

Grundriss, Ebene 1 Ground plan, level 1

Maschinenhalle Machine shop

Lageplan Uferzone Plan of area, riverside

Guten Morgen Sonnenschein

Juliana Penkova
Timo Wörtmann
Bauhaus-Universität Weimar
Prof. Karl-Heinz Schmitz

Als Relikt einer vergangenen Epoche – dazu wurde es, als es aus wirtschaftlichen Gründen abgeschaltet werden musste – kann das Kraftwerk nur schwerlich einer neuen Nutzung zugeführt werden, ohne dabei im äußeren Erscheinungsbild wie auch im Innern seinen Charakter zu verlieren. Es wird daher vorgeschlagen, es als ein Industriedenkmal der Natur zu überlassen, um in seinem Verfall von dieser längst vergangenen Zeit zu zeugen. Diese Entscheidung wird von der Auffassung getragen, dass das ehemalige Kraftwerk nicht wegen erhaltenswerter architektonischer Details als Denkmal interessant ist, sondern allein als Gesamtkomplex einen Wert besitzt. Der Verfall des Kraftwerks ist hier also nicht kontraproduktiv gemeint, sondern wahrt die kulturelle Integrität und Autonomie des Großbaus.

As a relic of a past epoch – which it became when it had to be shut down for financial reasons –, it is difficult to allocate a new use to the power station without diminishing its external appearance or inner character. The suggestion, therefore, is to abandon the industrial monument to Nature so that its gradual decay can bear testimony to a long-gone era. This decision is based on the stance that the former power station is not interesting as a monument because of any architectonic details worth preserving; it is significant and valuable only as an overall complex. The decay of the power station is not intended counterproductively, therefore, but will preserve the cultural integrity and autonomy of this large-scale building.

Durchblicke Vistas

Kohlehochbahnbunker Coal elevated-railway bunker

Einlaufgebäude von der Elbe In-feed building from the Elbe

Blick zum Ostgiebel View towards the East gable

Aufgelöste Südwand Eliminated South wall

Maschinenhalle Machine shop

006 Vattenfall Craftwork
Tobias Schlimme, Markus Theel
Technische Universität Berlin
Prof. Klaus Zillich

016 Landschaftskulturpark
Elisa Giusti, Valentina Albano
Technische Universität Berlin
Prof. Klaus Zillich

017 Raum in Bewegung
Maik Scheuer
Technische Universität Berlin
Prof. Klaus Zillich

029 Elite-Sportinternat an der Elbe
Thomas Kummer, Patrick Schmid, Lena Thalmann
Universität der Künste Berlin
Prof. Adolf Krischanitz

051 Großkunstwerk Vockerode
Agnieszka Wiejak
Brandenburgische Technische Universität Cottbus
Prof. Axel Oestreich

052 Soundfabrik
Marta Wierzbicka
Brandenburgische Technische Universität Cottbus
Prof. Axel Oestreich

065 Wandertourismus

Susan Döbrich, Stephanie Runzer, Peter Straubel
Hochschule Anhalt-Dessau
Prof. Johannes Kister

071 Großkraftwork

Mareike Grömping
Universität Dortmund
Prof. Walter Arno Noebel

073 P3 – Queen Mary Dry

Denise Schaefer
Universität Dortmund
Prof. Walter Arno Noebel

074 Sportpark Vockerode

Simon Metz
Universität Dortmund
Prof. Walter Arno Noebel

075 Hotel der Sinne

Carolin Schneider
Universität Dortmund
Prof. Walter Arno Noebel

077 Parkhotel und Klinik

Mark Sylla
Universität Dortmund
Prof. Walter Arno Noebel

078 Das Fahrradhotel am Radwanderweg
Sarah Bültel
Universität Dortmund
Prof. Walter Arno Noebel

080 Nautische Industrie
Magdalena Kurkowski
Universität Dortmund
Prof. Walter Arno Noebel

081 Kraftwerk Dreigeteilt
Moritz Henkel
Universität Dortmund
Prof. Walter Arno Noebel

102 Zurück zur Natur
Ho Jin Park
Universität Stuttgart
Prof. Arno Lederer

107 Industriegarten Kraftberg
Jung Ik Hong
Universität Stuttgart
Prof. Arno Lederer

108 Triebwerk der Schönen Künste
Saskia Spieth
Universität Stuttgart
Prof. Arno Lederer

115 Kvivik

Andro Mänd, Roberto Flavio Almeida
Bauhaus-Universität Weimar
Prof. Karl-Heinz Schmitz

116 Art Investigation Center

Maria Cabrera Vergara
Bauhaus-Universität Weimar
Prof. Karl-Heinz Schmitz

Gewerbe, Dienstleistung und Forschung

Business, Services and Research

Ein Großteil der Wettbewerbsteilnehmer plant auf dem Kraftwerksareal Gewerbe-, Dienstleistungs- und Forschungseinrichtungen und nutzt den Standortvorteil Vockerodes in der Region: Die Gemeinde ist als einziger Standort im Gartenreich Dessau-Wörlitz für Gewerbeansiedlungen vorgesehen. Durch die gute Anbindung und die weitläufigen, belastbaren Hallen- und Geschossbauten bietet allein schon das Großkraftwerk ideale Ansiedlungsmöglichkeiten für gewerbliche und flächenintensive Nutzungen. Der markante Großbau eignet sich darüber hinaus als Markenzeichen einer neuen technologischen Ausrichtung des Areals und kann als Anlage, die eine längere wie eigentümliche Geschichte aufweist, neuen Unternehmungen eine bildhafte Identität verleihen.

A large number of the entries plan business, services or research organisations on the site of the power plant. In this way, they exploit Vockerode's positive location factor: the municipality is the only place in the Garden Kingdom Dessau-Wörlitz earmarked for the settlement of business and industry. The power plant alone – with good conditions for access and its extensive, load-bearing halls and multi-storey buildings – offers ideal conditions for the settlement of industry, even when large areas are necessary. In addition, the striking main building would be suitable as a figurehead for the site's new technological orientation; testifying to a long and unusual history, it could grant a visible identity to new commercial undertakings.

Großkraftwerk „Elbe", Hilfsmaschinenhaus
Power Plant „Elbe", auxiliary machine hall

Ansicht von Westen West elevation

Forschungslandschaft

Johann Christian Plagemann
Ingo Turtenwald
Zhuoyi Wu
Jan Zapletal
Technische Universität Berlin
Prof. Klaus Zillich

Das Kraftwerk wird in eine *Forschungslandschaft* überführt, die an die Schaffung des Dessau-Wörlitzer Gartenreichs durch Fürst Leopold anknüpfen soll. Die Anlage des Kraftwerks wird weitgehend geöffnet und mit dem umgebenden Landschaftsraum verbunden. Das eigentliche Forschungsinstitut ist in 15 Meter Höhe im Stützenwald des ehemaligen Maschinenhauses untergebracht. Während man große Teile des Kraftwerks nach wirtschaftlichen Gesichtspunkten zurückbaut, wird der solchermaßen umgestaltete Ort als Imageträger und Touristenmagnet angesehen.

The power station is turned into a *Research Landscape*, the intention being to take up Prince Leopold's design of the Dessau-Wörlitz Garden Kingdom. Much of the power station site is opened out and linked to the surrounding landscape area. The actual research institute is situated at a height of 15 metres, within the "forest" of stanchions in the former power house. Although large parts of the power plant are demolished for pressing financial reasons, the altered site will be regarded as an image-carrier and tourist magnet in the region.

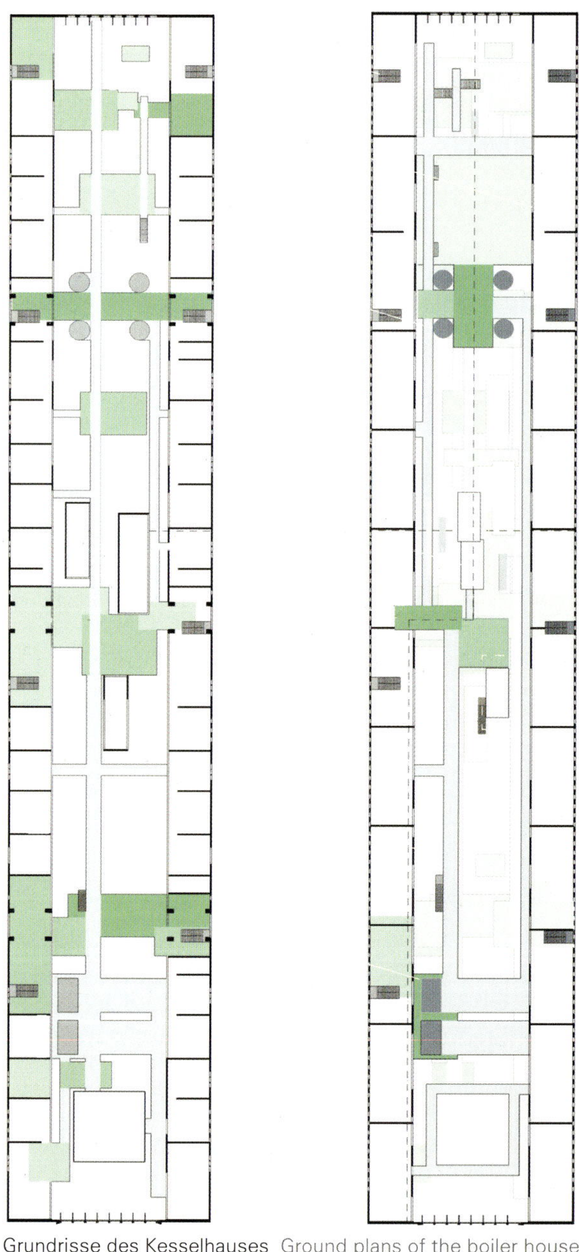

Grundrisse des Kesselhauses Ground plans of the boiler house

Stützenwald und Forschungspark "Forest" of stanchions and the research park

Wasserbecken Water basin in the research park

Fassade Norden North façade

Maschinenhalle mit Werkstatt auf Ebene 0 und Filmstudio auf Ebene 1 Machine shop with workshop on Level 0 and film studio on Level 1

Kraftwerk-Filmstudios

Przemyslaw Duda
René Chares
Technische Universität Berlin
Prof. Klaus Zillich

Mit relativ geringen Eingriffen gelingt es, das Großkraftwerk auf die flächenintensiven Raumbedürfnisse professioneller Filmstudios einzurichten. Das Maschinenhaus nimmt die Hauptfunktion des Studios auf und erhält ein abdeckbares Wasserbecken für Wasser- und Unterwasseraufnahmen. Flexible Trennwände ermöglichen die Teilung des Großraums in mehrere Einzelstudios. Im Erdgeschoss des Maschinenhauses werden Lager und Werkstätten mit direkter Verbindung zum Hauptraum der Halle eingerichtet. Die Räume für Regie, Script, Aufnahmeleitung, Ton und Schnitt sind im ehemaligen Hilfsmaschinenhaus angesiedelt und halten somit Sichtkontakt zu den Studios. Durch die Verlegung der Erschließungsachse der ehemaligen Bürospange wird auch hier eine Sichtbeziehung zum Hauptraum hergestellt. Im Großkraftwerk werden damit Filmstudios angeboten, die in ihrer Größe, Komplexität und Flexibilität in Europa einzigartig sind.

After relatively minor interventions, this design succeeds in equipping the large-scale power plant for the concentrated use of extensive space required by professional film studios. The former power house adopts the main function of the studio and contains a closable tank for water and underwater shots. Flexible partition walls permit the division of this large space into several individual studios. Stores and workshops with direct access to the main hall space are established on the ground floor of the power house. The rooms for direction, script, recording, sound and editing are located in the former auxiliary power house, meaning they have visibility contact with the studios. By moving the entrance axis of the former office block, further visibility into the main space is created. As a consequence, film studios with a size, complexity and flexibility unique in Europe become available in the former power-plant.

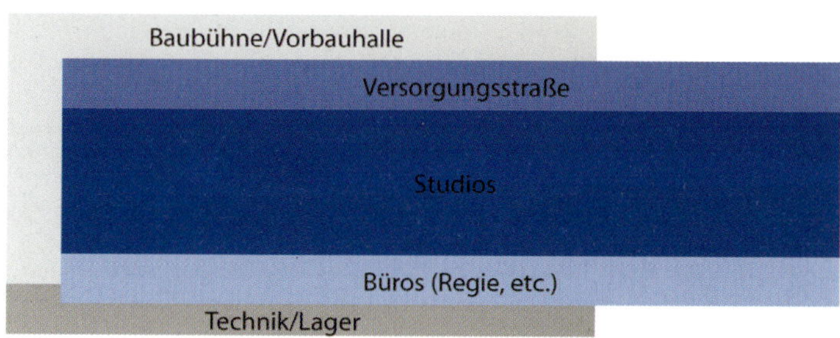

Flächenverteilung Distribution of areas

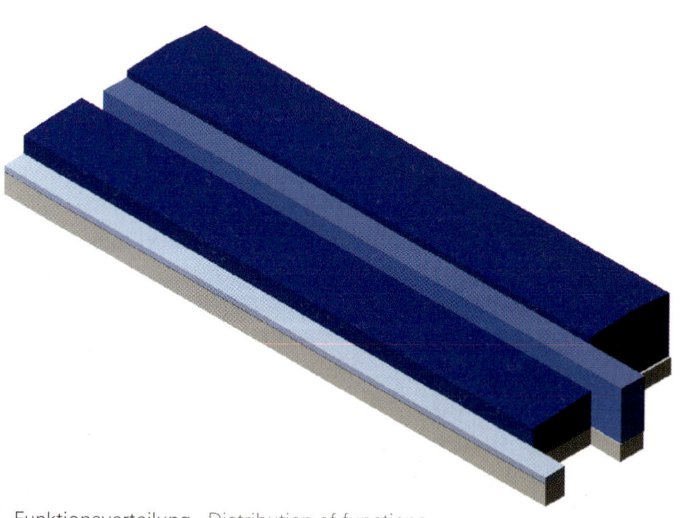
Funktionsverteilung Distribution of functions

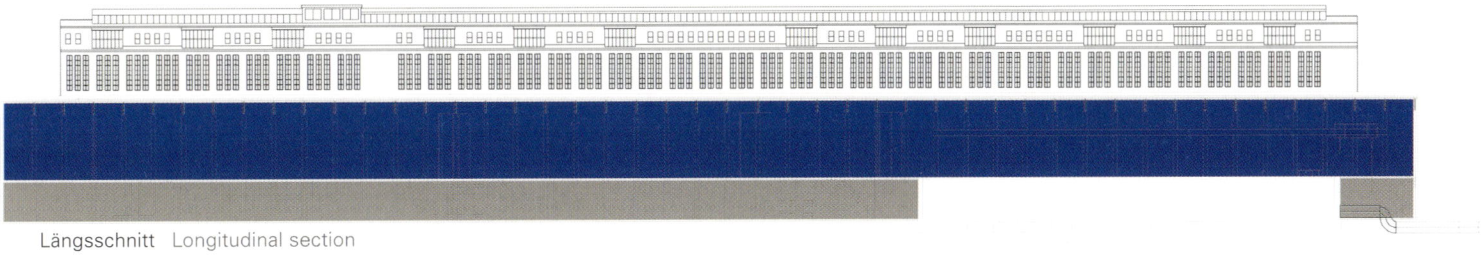

Längsschnitt Longitudinal section

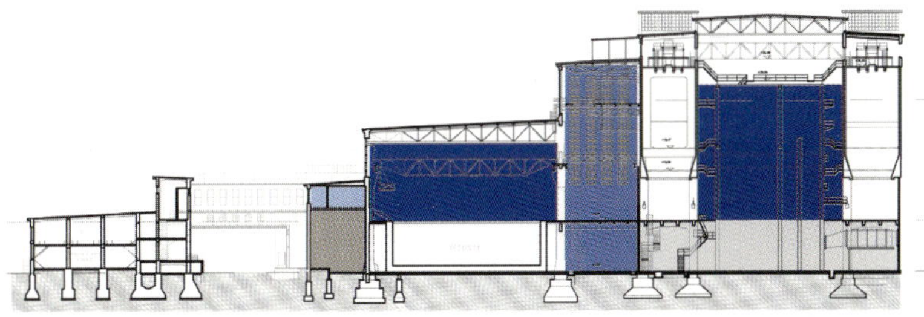

Querschnitt Cross section

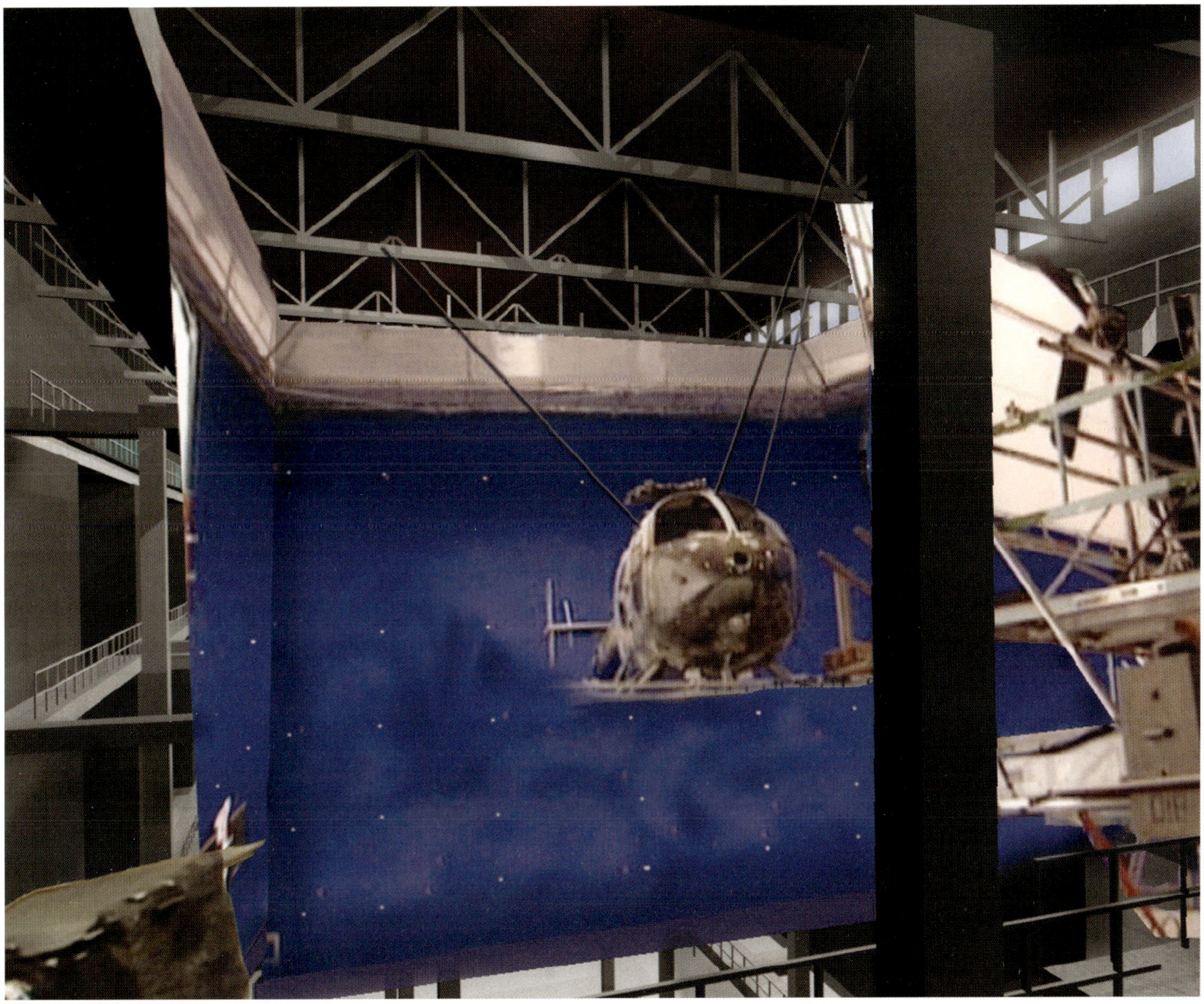

Filmset Film set

Ansicht von der Autobahn View from the motorway

Megawatt

Vanessa Mader
Sebastian Nicolle
Universität der Künste Berlin
Prof. Adolf Krischanitz

Das Forschungswerk wird als neuer Knotenpunkt der europäischen Energieforschung ausgebaut und vereint ein Kongresszentrum, den Sitz der Forschungsabteilung der europäischen Energiekommission, Ausbildungsstätten für technisches Energiemanagement, Testfelder, Forschungsparks und Hightech-Laboratorien. Die Kraftwerksstruktur erweist sich als erweiterbares Bandsystem zum sukzessiven Ausbau des Forschungszentrums. Dieser Logik folgend, wurde ein durch Brücken verbundenes *Energieband* entwickelt. In Querrichtung zum Band wird der gestufte Gebäudetypus um die *Energiescheibe* erweitert, die repräsentative Firmensitze beherbergt. Neben bereits etablierten Unternehmen bietet *Megawatt* auch jungen Forschern und kleineren Firmen die Möglichkeit, die Synergien des Zentrums zu nutzen und mit relativ geringen Mitteln innovative Ideen zu entwickeln und umzusetzen.

The *Megawatt* research centre will be developed as a new, key nub of European energy research. It combines a congress centre, the headquarters of the research department of the European Energy Commission, training centres for technical energy management, test areas, research parks and high-tech laboratories. The structure of the power station is revealed as an expandable strip system suited to the successive development of a research centre. Following this logic, an energy strip linked by bridges has been conceived. In crosswise direction to this strip, the graduated construction is supplemented by the *Energy Disk*, which accommodates the headquarters of prestigious companies. As well as established concerns, *Megawatt* also offers young researchers and smaller companies the opportunity to employ the synergies of the centre, developing and realising innovative ideas with relatively low budgets.

Halle mit Verbindungsstegen Hall with connecting bridges

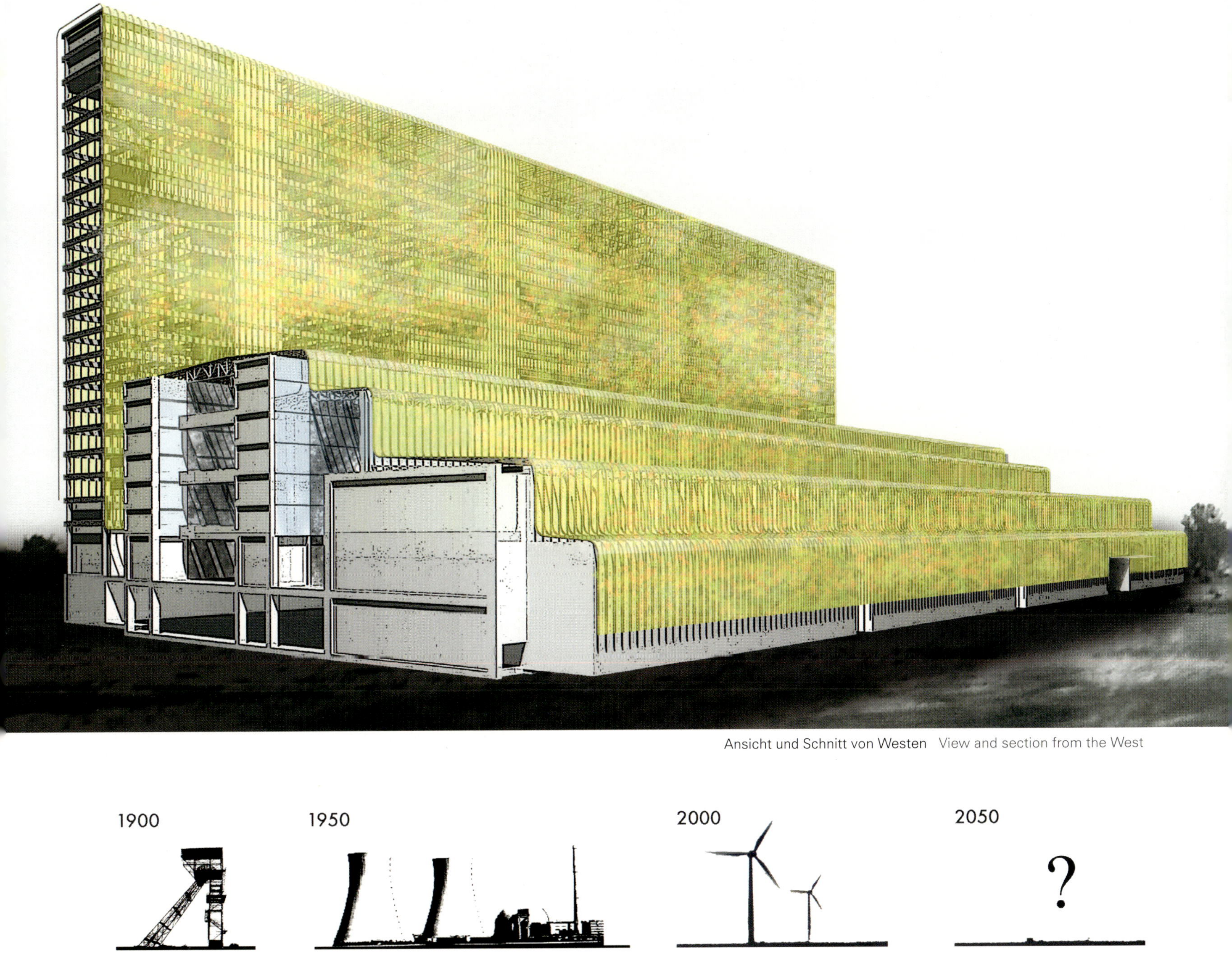

Ansicht und Schnitt von Westen View and section from the West

megawatt

Europäisches Forschungswerk Energie

Spolien   Salvaged building components

Hochsitz in Binz   Stance in Binz

Der Bauspeicher

76

Heiko Haberle
Universität der Künste Berlin
Prof. Adolf Krischanitz

Zu schrumpfen anstatt zu wachsen, ist schon heute für weite Bereiche Ostdeutschlands Realität. Nicht alles kann mehr vor Ort erhalten werden; insbesondere die Bauten der 1950er bis 1970er Jahre werden Opfer des Strukturwandels und der Neuordnung von Städten und Regionen. Bislang gibt es noch kein Archiv für Spolien und für das Datenmaterial ausschrumpfender Regionen. Der *Bauspeicher* in Vockerode dient der Aufbewahrung der architektonischen Relikte schrumpfender Städte. Die Bauteile können hier so lange gelagert werden, bis sie eventuell architekturhistorisch bewertet worden sind. Die Bauteile werden in drei gläsernen Depottürmen deponiert, die aus dem Kesselhaus aufragen. An das Maschinenhaus, das der Anlieferung dient, schließt sich ein in das Hilfsmaschinenhaus hineingebauter Logistiktrakt mit den nötigen Untersuchungs- und Verteilungsfunktionen an. Das Schalthaus beherbergt die Verwaltung und ein Forschungszentrum für schrumpfende Städte.

Today, shrinkage as opposed to growth is already reality for extensive areas of East Germany. Not everything can be preserved on the spot; the buildings of the 1950s to 1970s in particular are becoming victims of structural change and the new urban and regional order. As yet, no archive exists to preserve structural remains and data material from these shrinking regions. The *Building Store* in Vockerode will preserve and store architectonic relics from shrinking cities. Building components can be stored here until it proves possible to evaluate them in the context of architectural history. The building components are deposited in three glass storage towers, which rise up from the boiler house. Adjacent to the power house, where deliveries are received, the auxiliary power house has been converted into a logistics wing with the necessary examination and distribution functions. The transformer station accommodates the administration and a centre for research on shrinking cities.

Depotturm im Kesselhaus   Depot tower in the boiler house

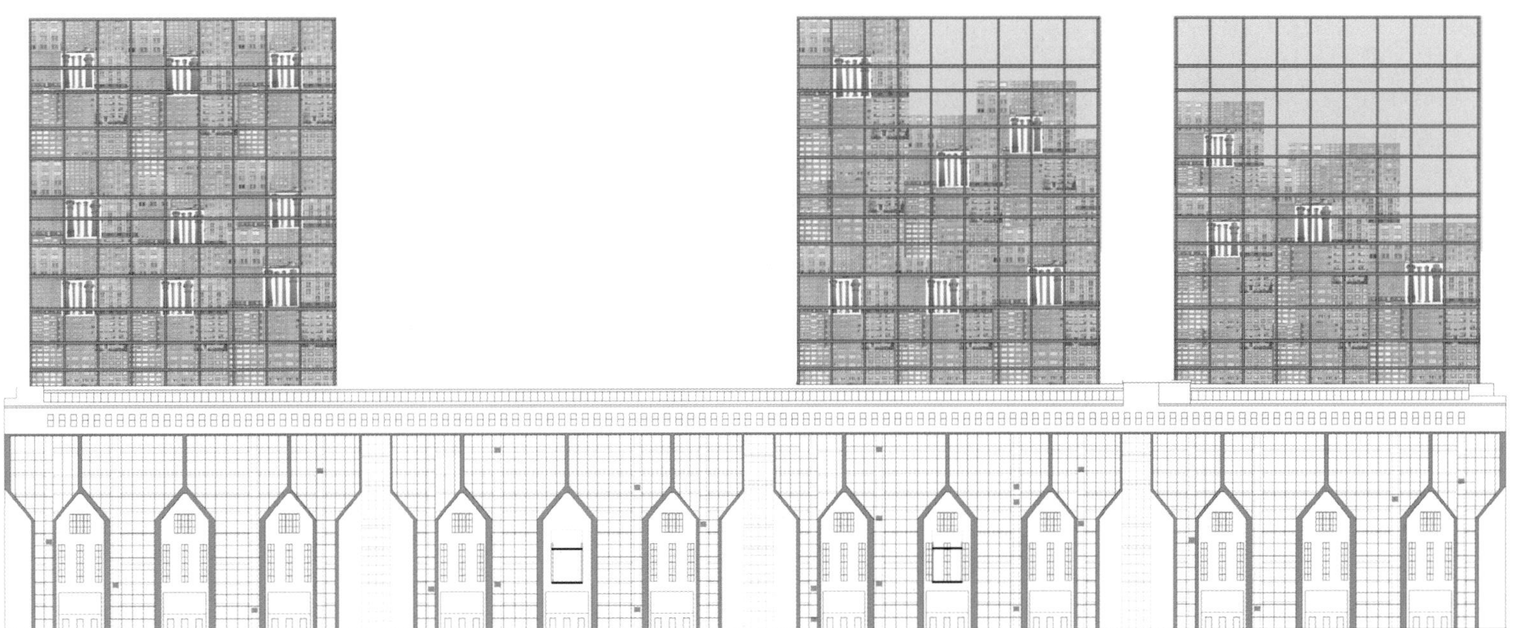

Fassade Norden North façade

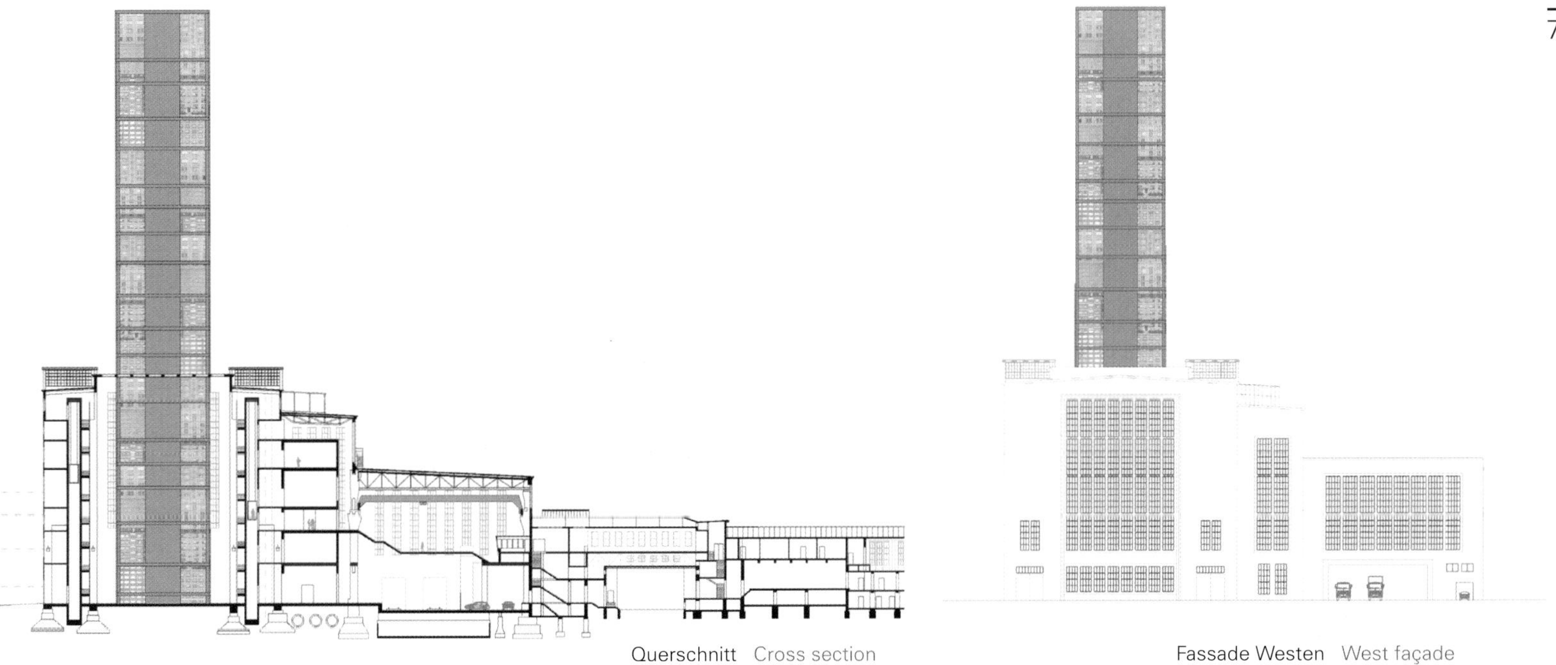

Querschnitt Cross section

Fassade Westen West façade

Gefährdete und verlorene Bauten Endangered and lost buildings

Ansicht von Westen West elevation

Verticulture

Thao Bui
Alexander Arnold
Brandenburgische Technische Universität Cottbus
Prof. Axel Oestreich

Im Großkraftwerk „Elbe" wird ein Forschungszentrum für eine zukünftige industrielle Lebensmittelproduktion eingerichtet. Dabei steht die Entwicklung von resistenten Saatkulturen und energiereichen Nahrungsmitteln im Vordergrund. Diese „Foodfarm" passt sich in die Struktur des ehemaligen Kraftwerks ein und durchwebt die Hallen mit einer dynamischen Form. Die Kohlebunker dienen als Laborräume der Forschung. Die massiven Stahlbeton- und Backsteinbauten werden durch neue Einbauten aus Glas und Kunststoff ergänzt. Die Dialektik alter und neuer Strukturen wird zum formalen Ausdruck des Nebeneinanders historischer und neuer Funktionsbereiche. Dabei wird großer Wert darauf gelegt, den Charme und Geist des alten Kraftwerks zu erhalten.

A research centre for future industrial food production is established in the large-scale power plant "Elbe". The focus is on the development of resistant seed cultures and energy-rich foodstuffs. This "food farm" fits into the structure of the former power station and interlinks all the halls to create a dynamic form. The coal bunkers function as research laboratories. The massive reinforced concrete and brick-built buildings are supplemented by new building sections made of glass and plastic. The dialectics of the old and new structures develop into a formal expression of the historical and new functional areas and their adjacency. Great emphasis is placed on retaining the charm and character of the old power station.

Einbauten Installations

Eingangsbereich Entrance area

Halle im ehemaligen Kesselhaus   Hall in the former boiler house

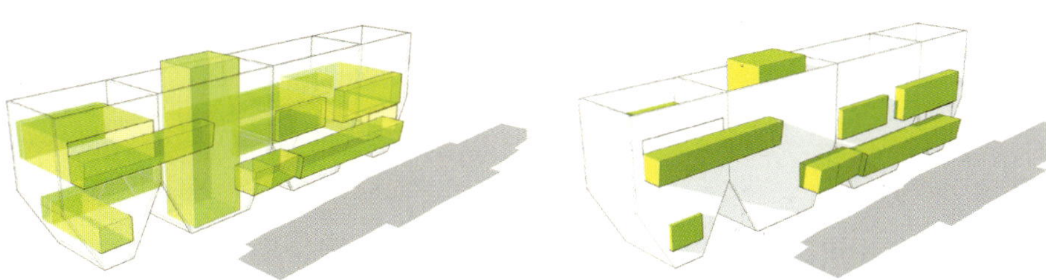

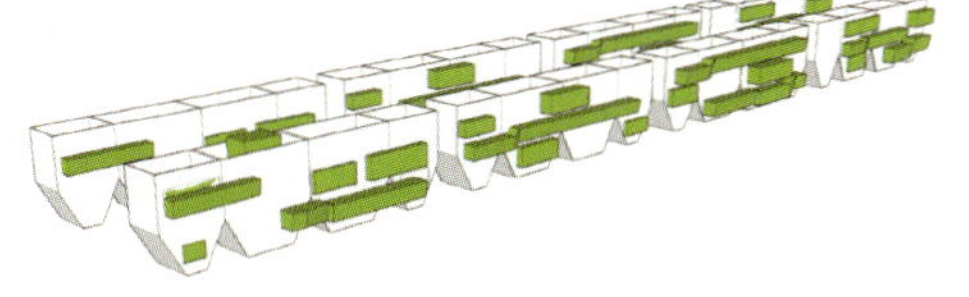

Verteilung der Labore   Distribution of laboratories

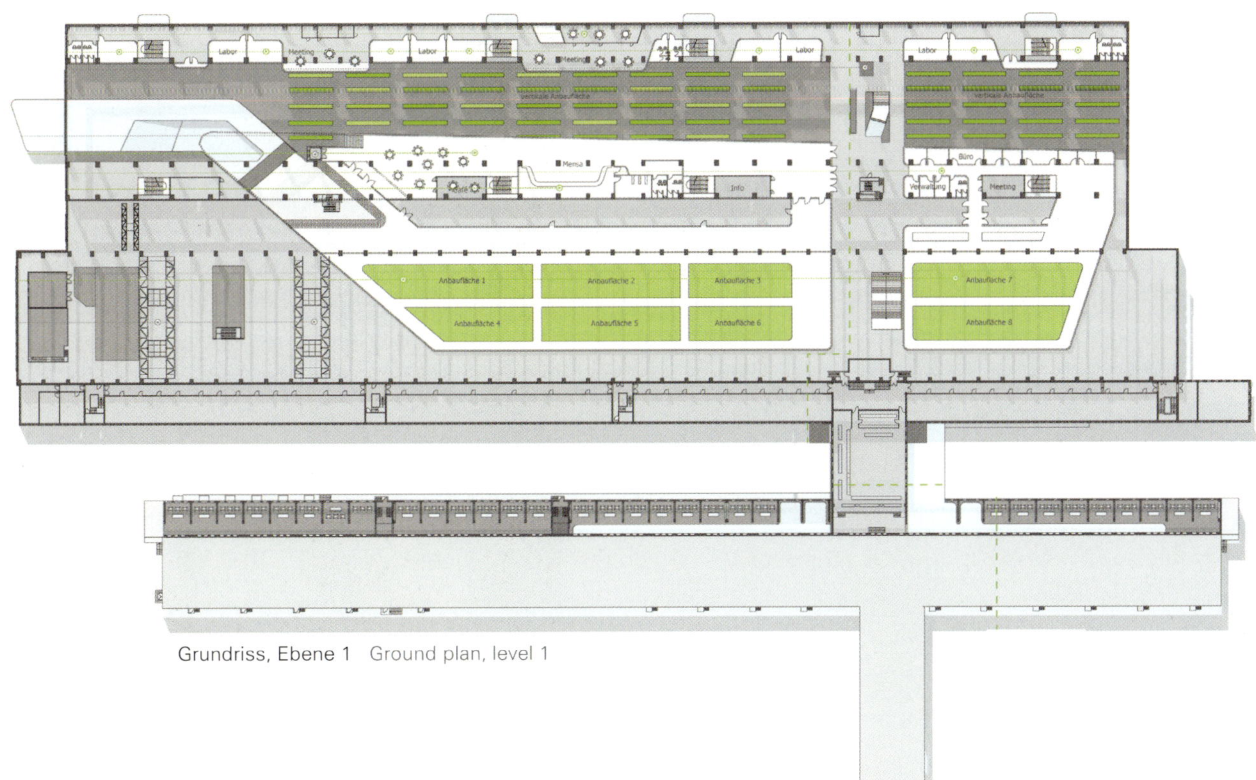

Grundriss, Ebene 1   Ground plan, level 1

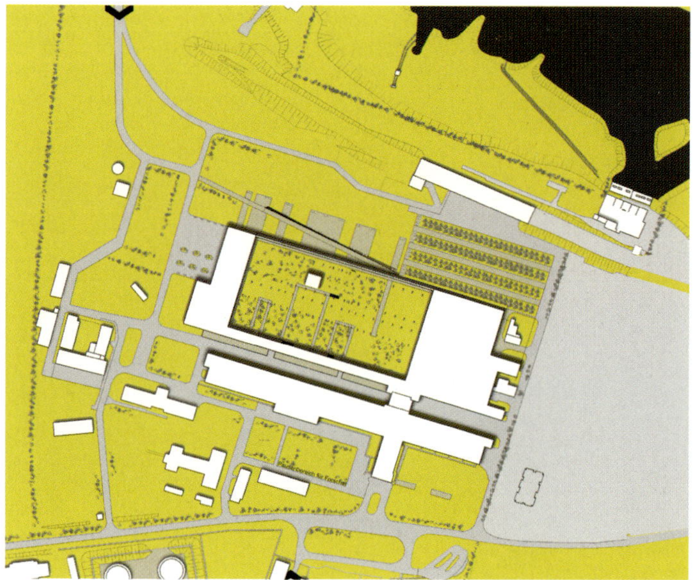

Lageplan Site plan

Aufgang zum Kesselhaus Stairway to the boiler house

Plantopolis – Gartenforschungsstadt

80

Antje Fittkau
Bérengère Sadowniczyk
Gerald Troch
Hochschule Anhalt-Dessau
Prof. Johannes Kister

Das Nutzungskonzept betrachtet die Situation des Großkraftwerks „Elbe" in unterschiedlichen Maßstäben: lokal, regional und international. Die Idee ist, *Plantopolis* als eine europäische Gartenforschungsstadt zu entwickeln. Das Gebäude erhält durch gezielten Rückbau die Chance, ein Stück von dem Gebäudekomplex langfristig zu bewahren. Kopfbauten, Fassaden, Stützen und das Tragsystem bleiben stehen. In dem entstehenden Stützenwald ist ein Garten angelegt, durch den eine Rampe zu einer Dachterrasse führt. Sie lässt einen gleichzeitig das Gebäude aus unterschiedlichen Perspektiven entdecken. Ein Kongress- und ein Denkmalbereich in den Kopfbauten flankieren die Ebenen des konvertierten Bestandes. Das Kraftwerk wird zu einem Werkzeug transformiert, um die Natur zu beobachten, zu analysieren und zu studieren.

This concept for usage examines the situation of the power plant "Elbe" from different standpoints: local, regional and international. The idea is to develop *Plantopolis* as a city of European garden research. Purposeful demolition means that it will be possible to preserve part of the building complex in the long term. Head buildings, façades, stanchions and the load-bearing system remain. A garden is laid out in the "forest" of stanchions that emerges; a ramp leads up through this to a roof terrace. Visitors are thus able to discover the building from different perspectives simultaneously. Congress and memorial areas in the head buildings flank the floors of converted existing building. The power station is transformed into a tool with which to observe, analyse and study Nature.

Weg durch den Stützenwald Path through the "forest" of stanchions

Fassade Süden South façade

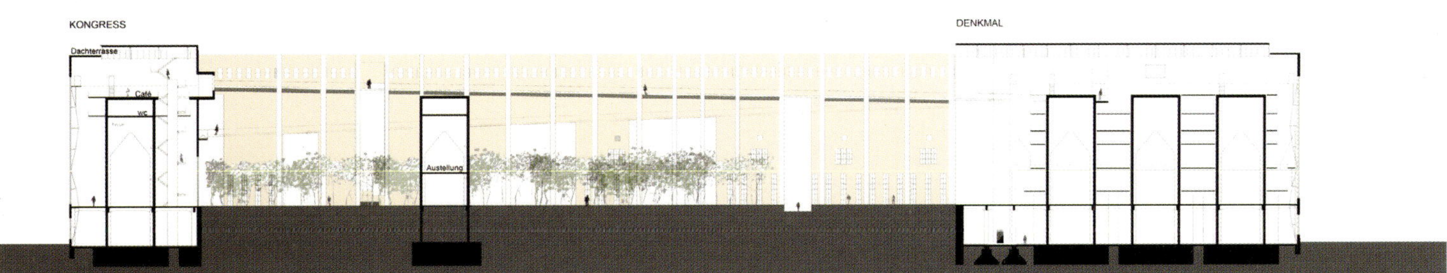

Längsschnitt Longitudinal section

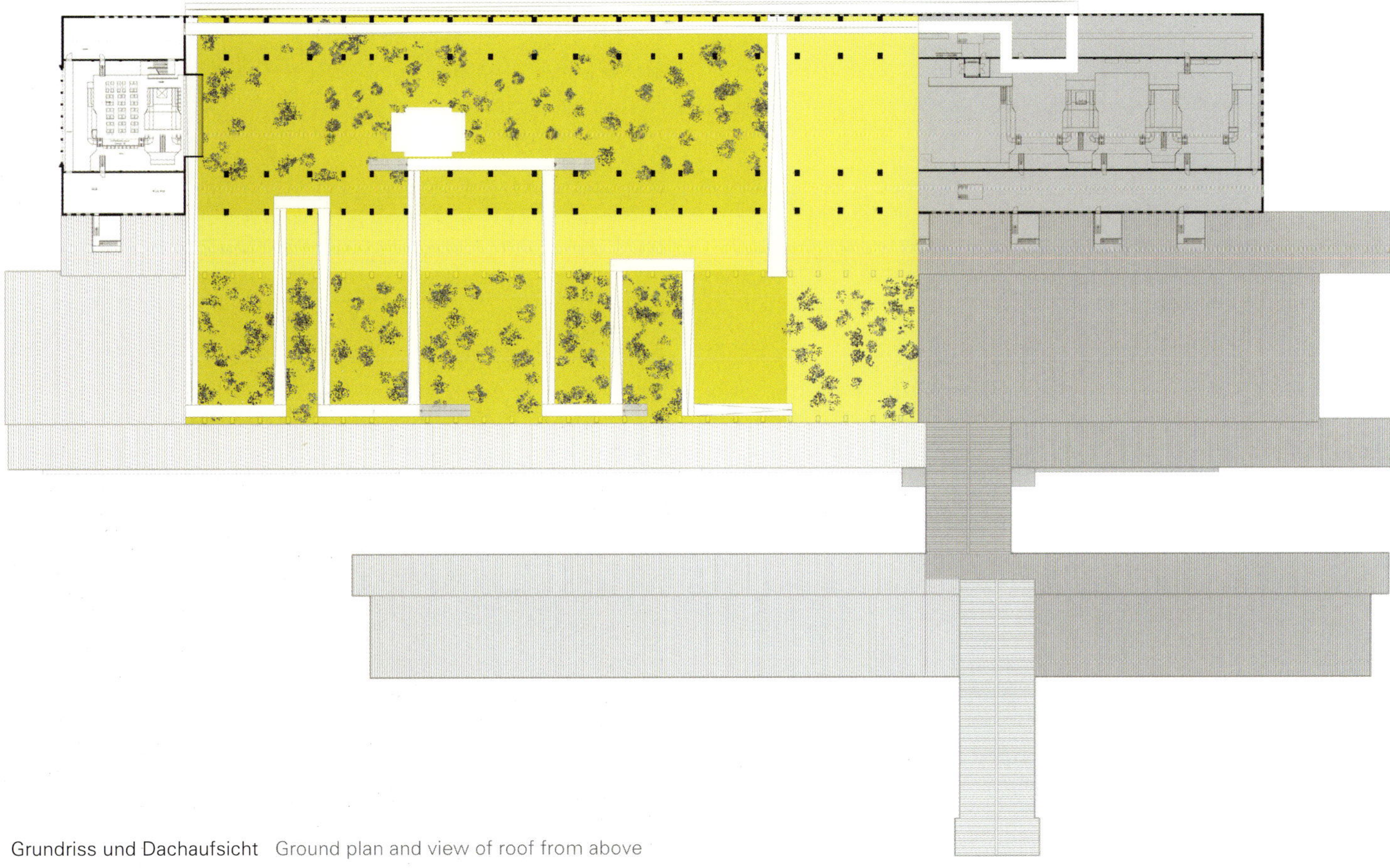

Grundriss und Dachaufsicht Ground plan and view of roof from above

Ansicht von Norden North elevation

Baum-Arche

Jenny Plockarz
Technische Universität Dresden
Prof. Thomas Will

Das Großkraftwerk „Elbe“ vereint die regionalen, hochwertigen Komponenten sowohl der industriell-wissenschaftlichen als auch der gartenkünstlerischen Tradition. Die Einrichtung für Pflanzenforschung beschäftigt sich mit der Entwicklung, Erforschung und Konservierung von historischen Baumbeständen und von aussterbenden heimischen Arten. Auf großen Flächen des ehemaligen Kraftwerkgebäudes befinden sich Laboratorien, Versuchsboxen und Aufzuchtbereiche. Über Stege und Wege werden Besucher durch das Innere des Kraftwerks geleitet. Hier können sie sich am Infopunkt und in vorhandenen Kesseln, die als Ausstellungsflächen genutzt werden, über Arbeitsabläufe, das Leben und Arbeiten im und am Kraftwerk informieren. Der Besucherrundgang wird durch eine Pflanzenschau im Inneren der Forschungsebene ergänzt. Aktuelle Forschungsmethoden werden transparent und anschaulich vermittelt. Ein „Tag der Wissenschaften“ kann in Vockerode an jedem Besuchertag erlebt werden.

The large-scale power plant "Elbe" unites top-class regional components, industrial and scientific aspects, and the tradition of garden art. The Institute for Plant Research is concerned with the investigation, development and conservation of historical trees and with threatened indigenous plant species. Large areas of the former power station site accommodate laboratories, experimental boxes and areas for cultivation. Visitors are guided through the interior of the power plant via a system of bridges and paths. Information about the functional processes, and life and work in the power station can be found at an info-point and from practical demonstrations in the existing boilers, which are used as exhibition areas. The visitors' tour is supplemented by a show of plants on the research level. Current research methods are explained in a transparent, vivid manner. A "Day of the Sciences" can be experienced on every visitors' day at Vockerode.

Labore in der Maschinenhalle Laboratories in the machine shop

Eingestellte Box im Kesselhaus Positioned box in the boiler house

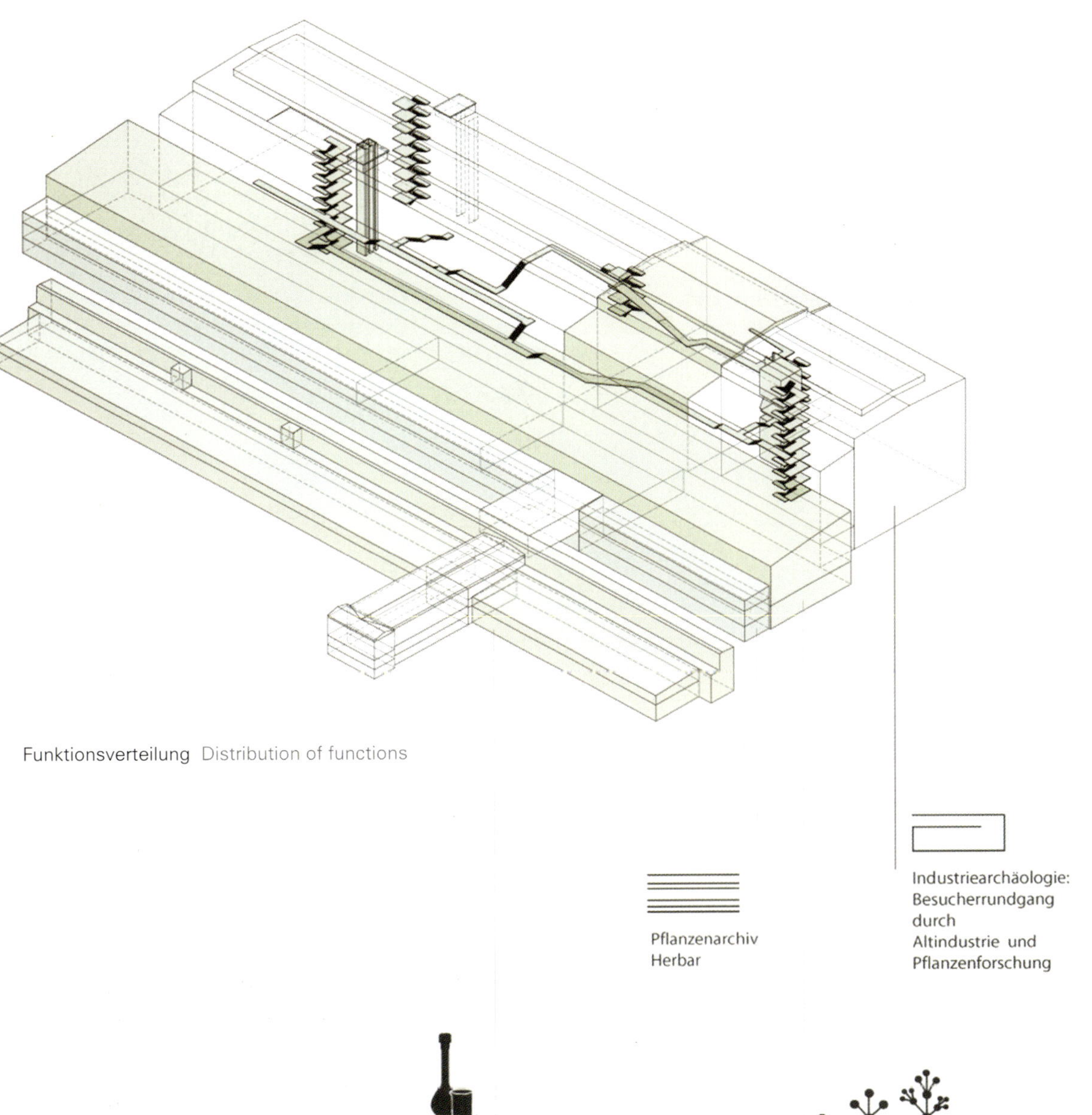

Funktionsverteilung Distribution of functions

Fassade Norden North façade

Fassade Süden South façade

Deutsches Waldinstitut

Sebastian Lelle
Stefanie Raisch
Technische Universität Kaiserslautern
Prof. Helmut Kleine-Kraneburg

Ziel des *Deutschen Waldinstituts* ist es, durch Forschung und Zuchtversuche auf die Verbesserung des deutschen Waldbestands hinzuwirken. Qualität und Ausstrahlung der Gebäude werden bewahrt; einzig ein neuer Dachaufbau über dem Kesselhaus mit seinen vier markanten Lüftungskaminen weist auf die neue Nutzung hin.
Das Hilfsmaschinenhaus stellt eine Pufferzone zwischen Aufzucht und Forschung dar und wird als Ruhe- und Informationszone genutzt. Die vorhandenen Öffnungen im Boden des Maschinenhauses dienen als Grundfläche der Gewächshäuser, in denen unterschiedliche Klimazonen simuliert werden können. An die Gewächshäuser grenzen die Forschungslaboratorien an. Über die Verbindungsbrücke zugänglich, befinden sich im benachbarten Schalthaus zweigeschossige Appartements für Wissenschaftler und Angestellte. Das Erdgeschoss des Schalthauses dient der Ausstellung und dem Verkauf von Pflanzen des *deutschen Waldinstituts*.

The *German Forest Institute* aims to initiate improvements in Germany's forest areas by means of research and cultivation experiments. The quality and aura of the buildings are retained; only a new roof extension above the boiler house, with four striking ventilation shafts, is indicative of the new usage.
The auxiliary power house represents a puffer zone between cultivation and research and also functions as a rest and information area. The existing cavities in the floor of the power house are adopted as ground plans for the greenhouses, in which it will be possible to simulate different climate zones. The research laboratories are adjacent to the greenhouses. In the neighbouring transformer station, accessed over the connecting bridge, there are two-storey apartments for scientists and other employees. The ground floor of the transformer station is reserved for exhibition purposes and the sale of plants from the *German Forest Institute*.

Ansicht von Norden North elevation

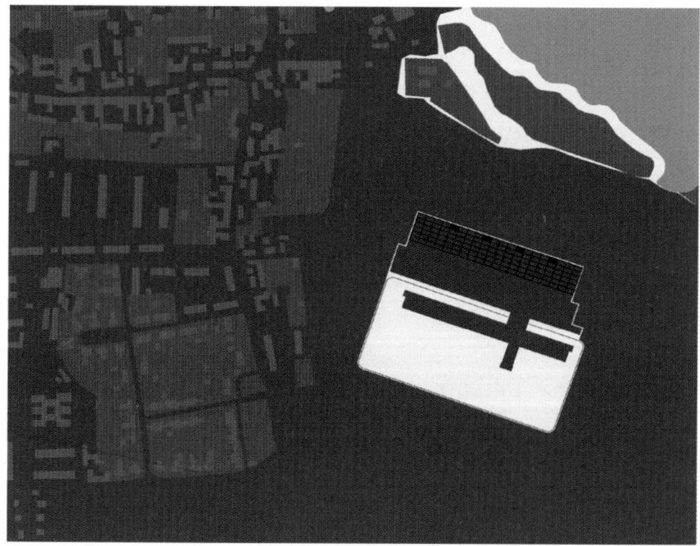

Lageplan Site plan

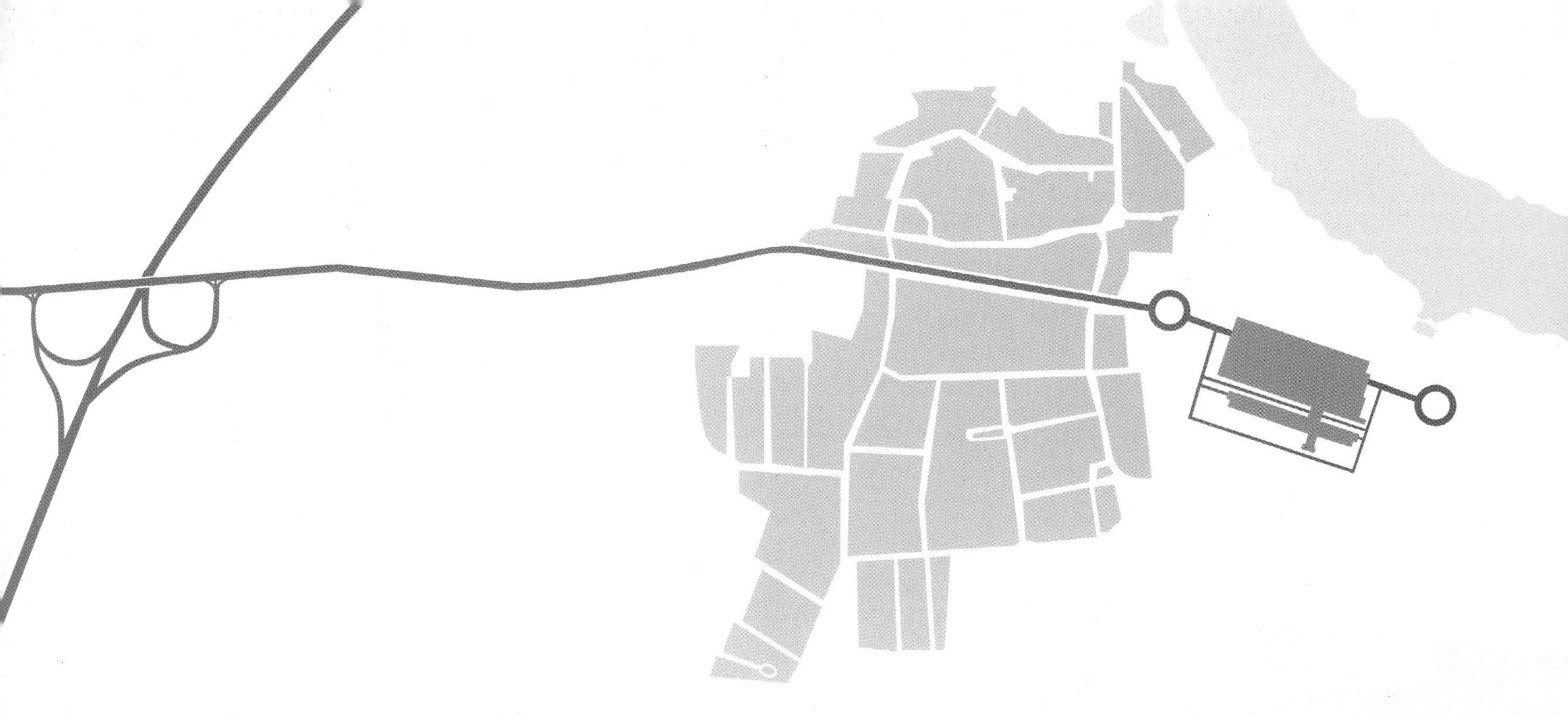

Lageplan Site plan

Kaufkraft

Haiko Tabillion
Sven Walter
Technische Universität Kaiserslautern
Prof. Helmut Kleine-Kraneburg

Die direkte Anbindung über eine neue, zweispurige Straße zur Autobahn soll dem Einkaufszentrum sowohl ein regionales als auch überregionales Einzugsgebiet ermöglichen. Die Straße führt durch das Kraftwerk hindurch und wird im Gebäude beidseitig durch Parkflächen flankiert. Im Erdgeschoss des ehemaligen Maschinen- und Schalthauses sind Autohäuser und Werkstätten untergebracht. Die Erschließung des Obergeschosses erfolgt über Treppen und Aufzugsplattformen in den vorhandenen Öffnungen der Geschossdecke. Die ehemalige Maschinenhalle wird für gastronomische Einrichtungen genutzt; im Kesselhaus sind weitläufige Verkaufsflächen vorgesehen. Die geringen baulichen Eingriffe ermöglichen eine ökonomische Nutzung des Gebäudes, ohne mit der bestehenden Struktur und den Räumen in Konflikt zu geraten. Durch die entwurfsbestimmende Straßenführung durch das Gebäude wird der langgestreckte Baukörper betont und ideal erschlossen.

A direct connection to the motorway via a new, two-lane road guarantees that the shopping centre will attract both regional and super-regional custom. The road passes through the power station site and is flanked by parking areas within the building. On the ground floor of the former power house and transformer station are car salesrooms and workshops. Access to the upper floor is via stairs and lift platforms in the existing ceiling cavities of the ground floor. The former turbine hall is used for restaurants etc.; extensive sales areas are planned in the boiler house. The minor architectural interventions allow for an economical use of the building that does not enter into conflict with the existing structure and spaces. The road through the building – as defined by the design – emphasises the elongated volume and provides ideal access.

Grundriss, Ebene 1 Ground plan, level 1

Grundriss, Ebene 0 Ground plan, level 0

Einfahrt in das Kesselhaus Gateway into the boiler house

Verkaufsflächen auf Ebene 1 Sales areas on level 1

Lagerung der Tanks Storage of bodies

Zeitmaschine

88 **Paul Martin**

Universität Stuttgart
Prof. Arno Lederer

Die Nachnutzung knüpft an die ingenieurtechnische Tradition des Standortes an und installiert ein gigantisches Kühlhaus für Verstorbene in den Räumen des Kraftwerks. Die als Patienten bezeichneten Körper werden in flüssigem Stickstoff eingefroren und in einzelnen Tanks eingelagert; über ihr vergangenes Leben werden Datenbanken angelegt. In diesem Zustand überdauern die Patienten bis zu einer Zeit, in der der technische Fortschritt eine Reanimation erlauben wird. Im Kraftwerk sollen dann alle Folgeeinrichtungen geschaffen werden, die die Wiederbelebung und ein langsames Zurückfinden in den neuen Lebensabschnitt ermöglichen.

This idea for post-closure usage takes up the location's tradition of technical engineering and installs a giant cooling house for the dead in the rooms of the power station. The bodies – referred to as patients – are frozen in liquid nitrogen and stored in individual tanks; data bases are established to record their past lives. In this state, the patients endure until a time when technical progress will permit them to be reanimated. All the necessary follow-up institutions will also be created in the power station, facilitating reanimation and helping the "patients" to find their gradual way back into a new phase of life.

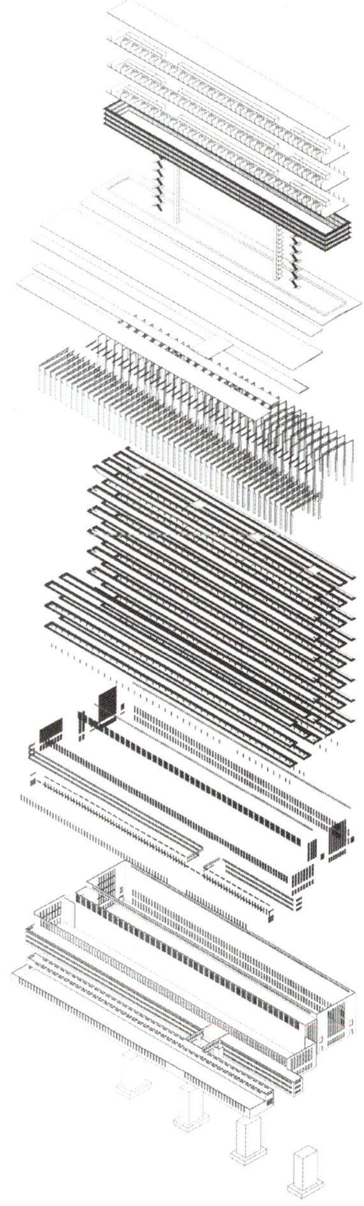

Raumelemente Spatial elements

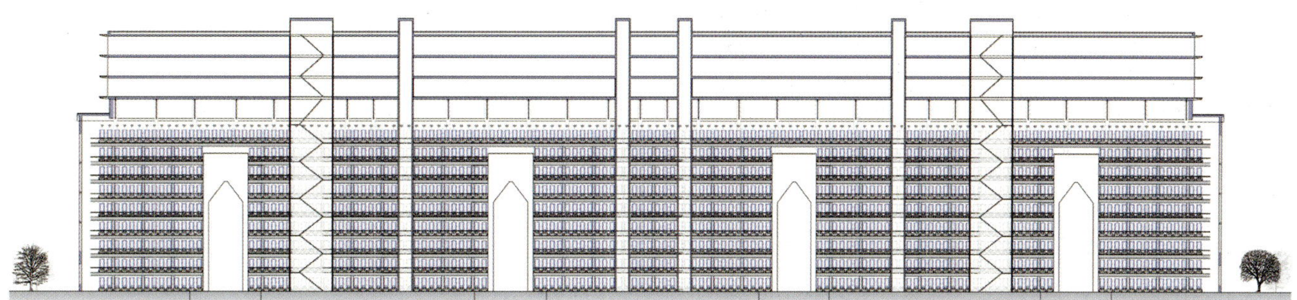

Längsschnitt Longitudinal section

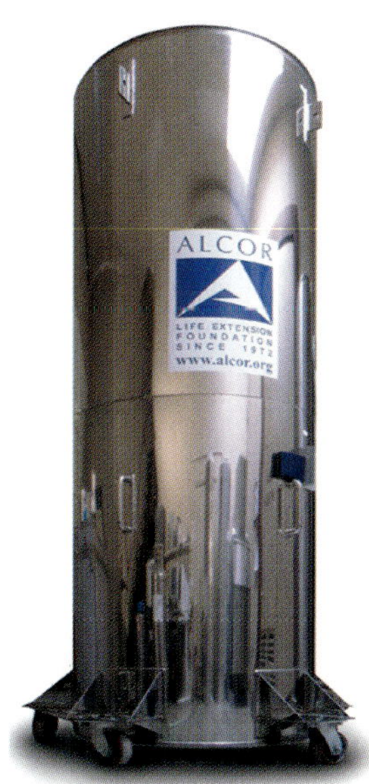

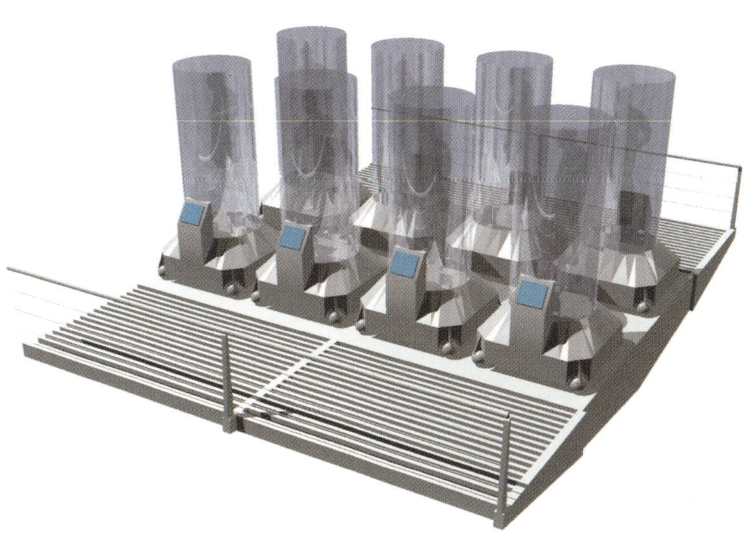

Lagertanks Storage tanks

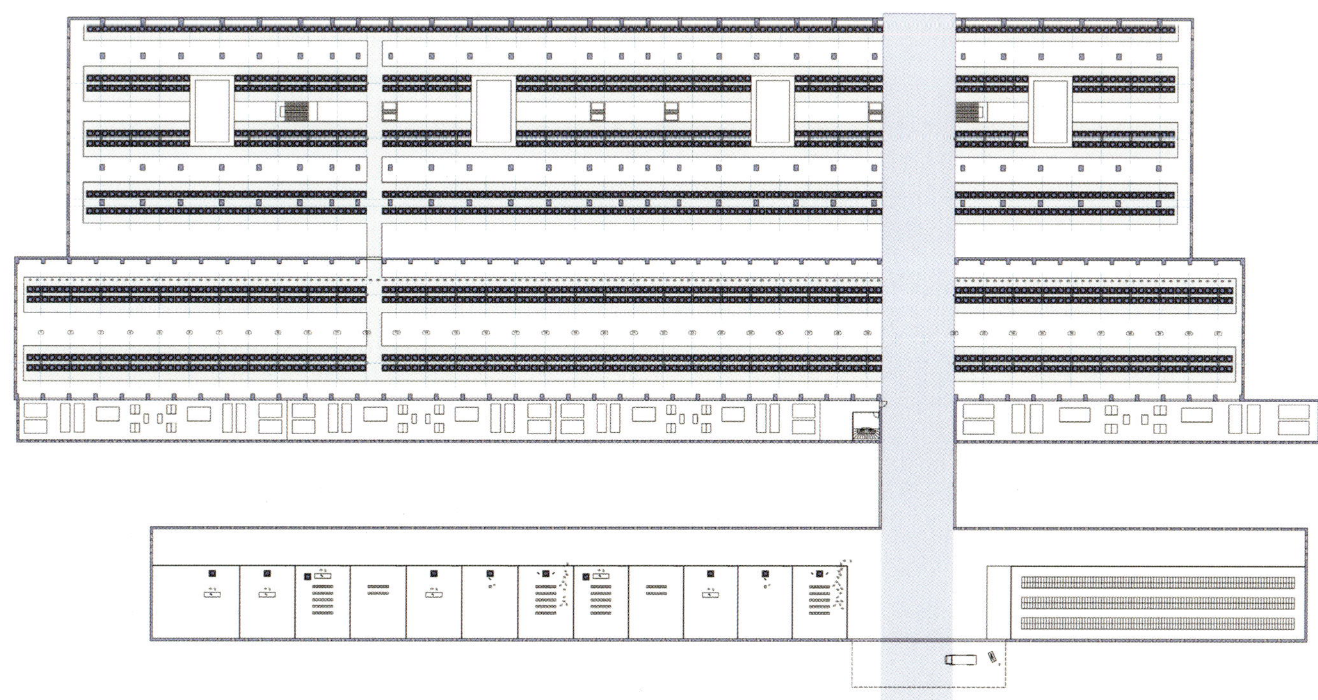

Grundriss Ground plan

004 ElbEnergie

Sebastian Krohn, Susanne Weniger
Technische Universität Berlin
Prof. Klaus Zillich

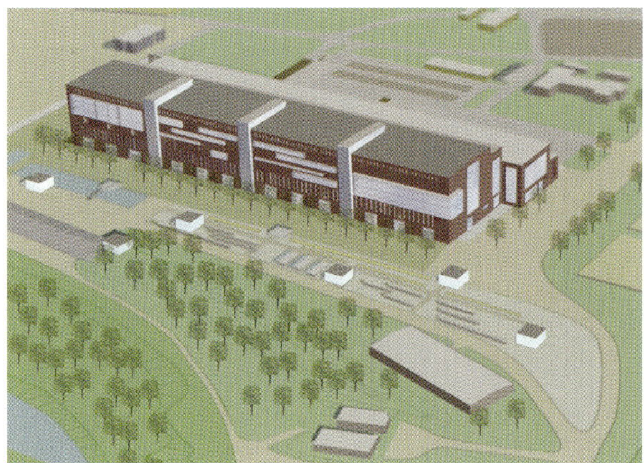

005 Kooperatives Forschungszentrum

Ben Bilz, Hans Lütjens, Moritz Müller-Werther
Technische Universität Berlin
Prof. Klaus Zillich

008 Energiezentrale

Selina Friedrich, Johanna Kiesewetter, Tatjana Macut
Technische Universität Berlin
Prof. Klaus Zillich

009 Ökologisches Forschungszentrum

Jazmin Alzamora, Merima Madziselimovic, Manuela König, Alecto Krammer
Technische Universität Berlin
Prof. Klaus Zillich

011 KernObstWerk

Martina Maire, Frederike Stöß
Technische Universität Berlin
Prof. Klaus Zillich

012 Boxenstop Vockerode

Anja Green, Jojo Grieger, Lena Ruwe, Britta Sänger
Technische Universität Berlin
Prof. Klaus Zillich

019 Aqua-Werk

Gertraud Zwiens
Technische Universität Berlin
Prof. Klaus Zillich

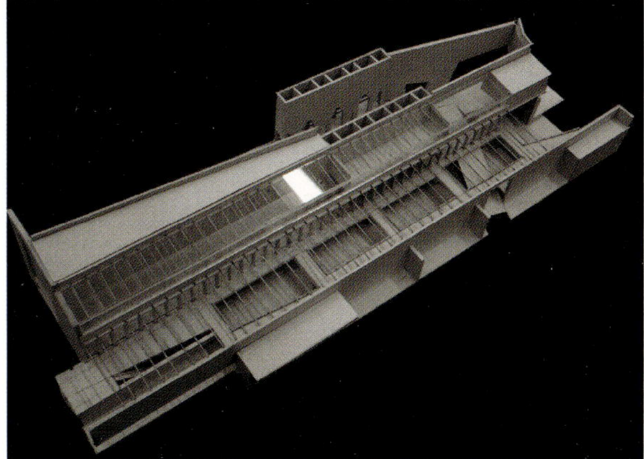

031 G8-Headquarter in Vockerode

Assie Peleg, Igor Schewchenko
Universität der Künste Berlin
Prof. Adolf Krischanitz

032 Öko-Impulse

Philipp Edelmann, Julien Salabelle
Universität der Künste Berlin
Prof. Adolf Krischanitz

033 Energiepark Elbe

Bodo Worrmann
Universität der Künste Berlin
Prof. Adolf Krischanitz

034 Justizvollzugsanstalt

Sougouna Mounirattinam
Universität der Künste Berlin
Prof. Adolf Krischanitz

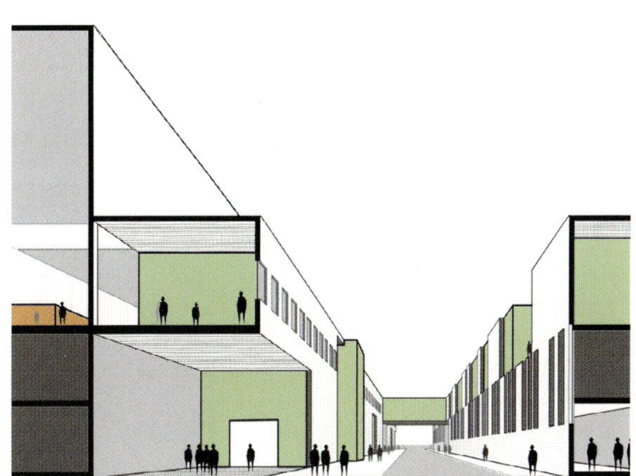

038 Stadtkraftwerk

Barbara Macaes Costa, Marcos Teixeira Abreu
Brandenburgische Technische Universität Cottbus
Prof. Axel Oestreich

040 E-Forum

Tobias Bayreuther, Andreas Brinkmann, Isabel Steger
Brandenburgische Technische Universität Cottbus
Prof. Axel Oestreich

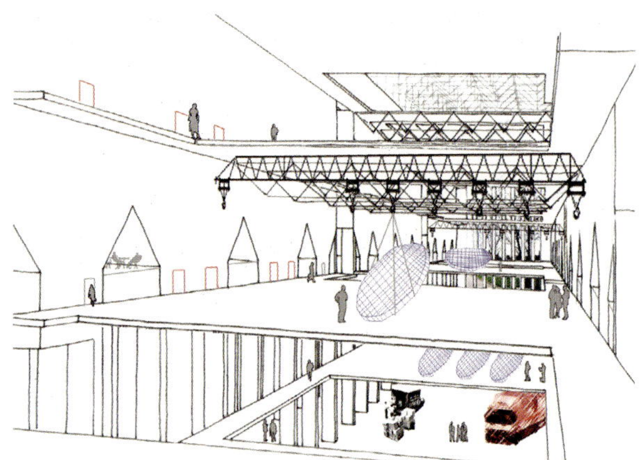

047 Vock_Tech

Florian Rietmann, Maria Sasse, Alexandra Sohn
Brandenburgische Technische Universität Cottbus
Prof. Axel Oestreich

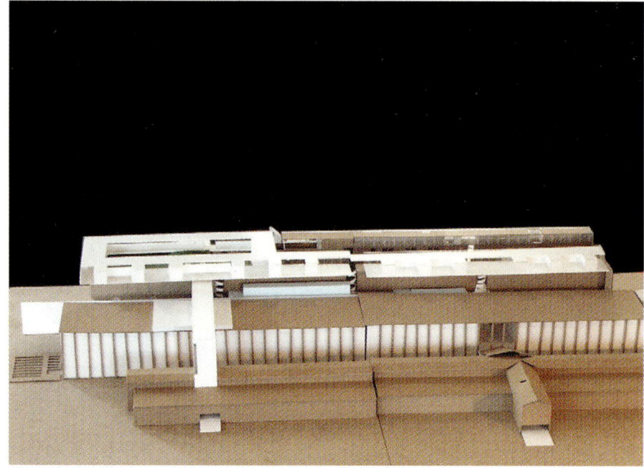

050 Vockerode Filmstudio

Menelik Jobert, Michel Sikorski, Benoit Streicher
Brandenburgische Technische Universität Cottbus
Prof. Axel Oestreich

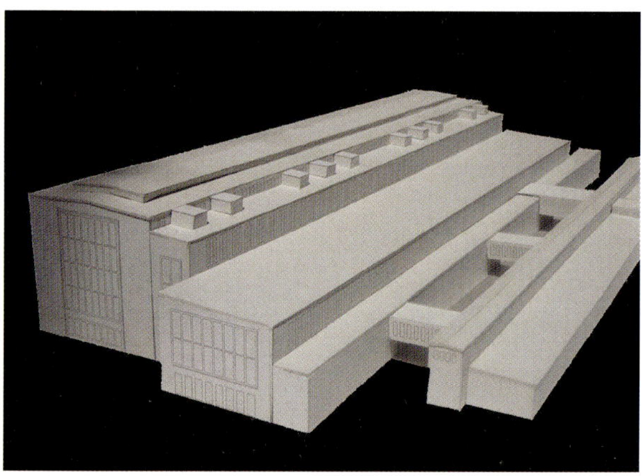

072 RaumWerk

Cathrin Fleitmann
Universität Dortmund
Prof. Walter Arno Noebel

083 ZWS – ZeitWerkStrom

David Haupt, Frederic Krämer
Technische Universität Dresden
Prof. Thomas Will

087 Umdenken

Katharina Klopfer
Technische Universität Dresden
Prof. Thomas Will

088 Volks_Wirtschaft_Vockerode

Susanne Loos, Claudia Tümmler
Technische Universität Dresden
Prof. Thomas Will

096 Refill

Thiemo Blume
Fachhochschule Potsdam
Prof. Bernd Albers

103 Vattenfall Science-Center

Philipp Jung
Universität Stuttgart
Prof. Arno Lederer

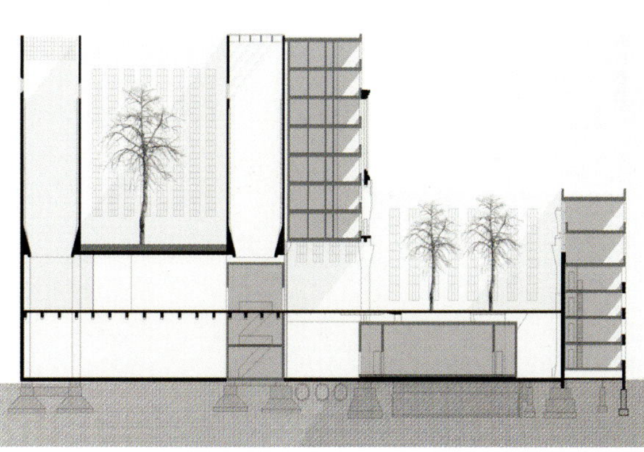

117 Gefängnis Kraftwerk Elbe

Annika Limbrock
Bauhaus-Universität Weimar
Prof. Karl-Heinz Schmitz

119 GreenLab Askania

Catherine Lourme, Laure Meurtin
Bauhaus-Universität Weimar
Prof. Karl-Heinz Schmitz

Erlebnis, Sport und Gesundheit

94

Events, Sport and Health

Die Eignung des Kraftwerks und seiner Freiflächen für Event- und Sportzentren wird durch zahlreiche Beiträge bewiesen, damit wird diesem Bereich als Wirtschaftssektor eine strahlende Zukunft prophezeit. Die landschaftlich reizvolle Lage – mit Wassersportmöglichkeiten an der Elbe und mit der Anbindung an touristisch erschlossene Routen durch die Region – macht ein breites Programmangebot und viele Synergieeffekte möglich. Aufgrund der Größe des Areals und der guten Anbindung werden die Nutzungsszenarien meist auf einen überregionalen Interessentenkreis ausgedehnt, der im Großkraftwerk vielfältige, besondere und oft einzigartige Möglichkeiten vorfindet. Vielfach wird das Angebot auch durch Unterbringungsmöglichkeiten in Hotels, Appartements oder Jugendgasthäusern ergänzt.

Numerous entries demonstrate the suitability of the power plant and its empty grounds as an events or sport centre – also prophesying a glorious future for this field as an important economic sector. The attractive landscape setting offers possibilities for water sports alongside the Elbe, and existing connections to tourist routes through the region mean that a wide range of programmes and many synergetic effects are conceivable. Due to the size of the site and its excellent accessibility, the scenarios for use are usually extended to include visitors from beyond the region in a range of special, often unique opportunities at the power plant. In many cases, this programme is supplemented by possible accommodation in hotels, apartments or youth hostels.

Großkraftwerk „Elbe", Maschinenhaus, Ebene 0
Large-Scale Power Plant "Elbe", machine hall, level 0

Längsschnitt Longitudinal section

KRAFTwerk

Anna Hüper
Lara Metell
Susanne Mollath
Henriette Siegert
Technische Universität Berlin
Prof. Klaus Zillich

Als Standort des Olympiastützpunktes Halle/Magdeburg bietet das *KRAFTwerk* Vockerode ein Sportinternat für etwa einhundert Schüler, das hauptsächlich der Nachwuchsförderung im Spitzensport dient. Weitere Spitzensportler absolvieren als Gäste mehrwöchige, intensive Trainingsaufenthalte auf dem Gelände. Zusätzlich werden Übernachtungsmöglichkeiten und Sportplätze anreisenden Sportvereinen zur Verfügung gestellt, die Trainingscamps sowie Wettkämpfe innerhalb des *KRAFTwerks* veranstalten. Der in der Region vorhandene Sporttourismus, wie etwa der Elbe- und Europaradwanderweg und eine Kanustrecke auf der Elbe, verfügt mit dem *KRAFTwerk* über weitere Sport- und Erholungsflächen.

As a location of the Olympia base Halle/Magdeburg, the *POWERstation* Vockerode provides a sport-oriented boarding school for around one hundred pupils. Its primary aim is to promote competitive sport among the younger generation. As guests, other top sportsmen and women may spend several weeks of intense training on the site. In addition, overnight accommodation and sports fields for external sport clubs are available, enabling them to organise training camps and competitions within the *POWERstation*. The *POWERstation* thus offers sport and leisure areas to supplement the existing sport tourism of the region – e.g. the Elbe and Europa cycle paths and canoe routes along the Elbe.

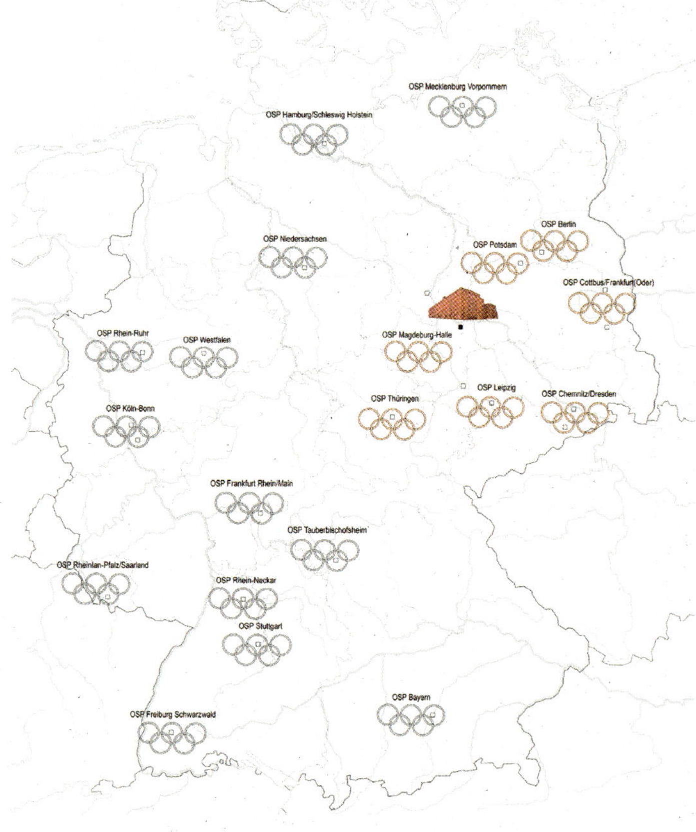

Olympiastützpunkte in Deutschland Olympic bases in Germany

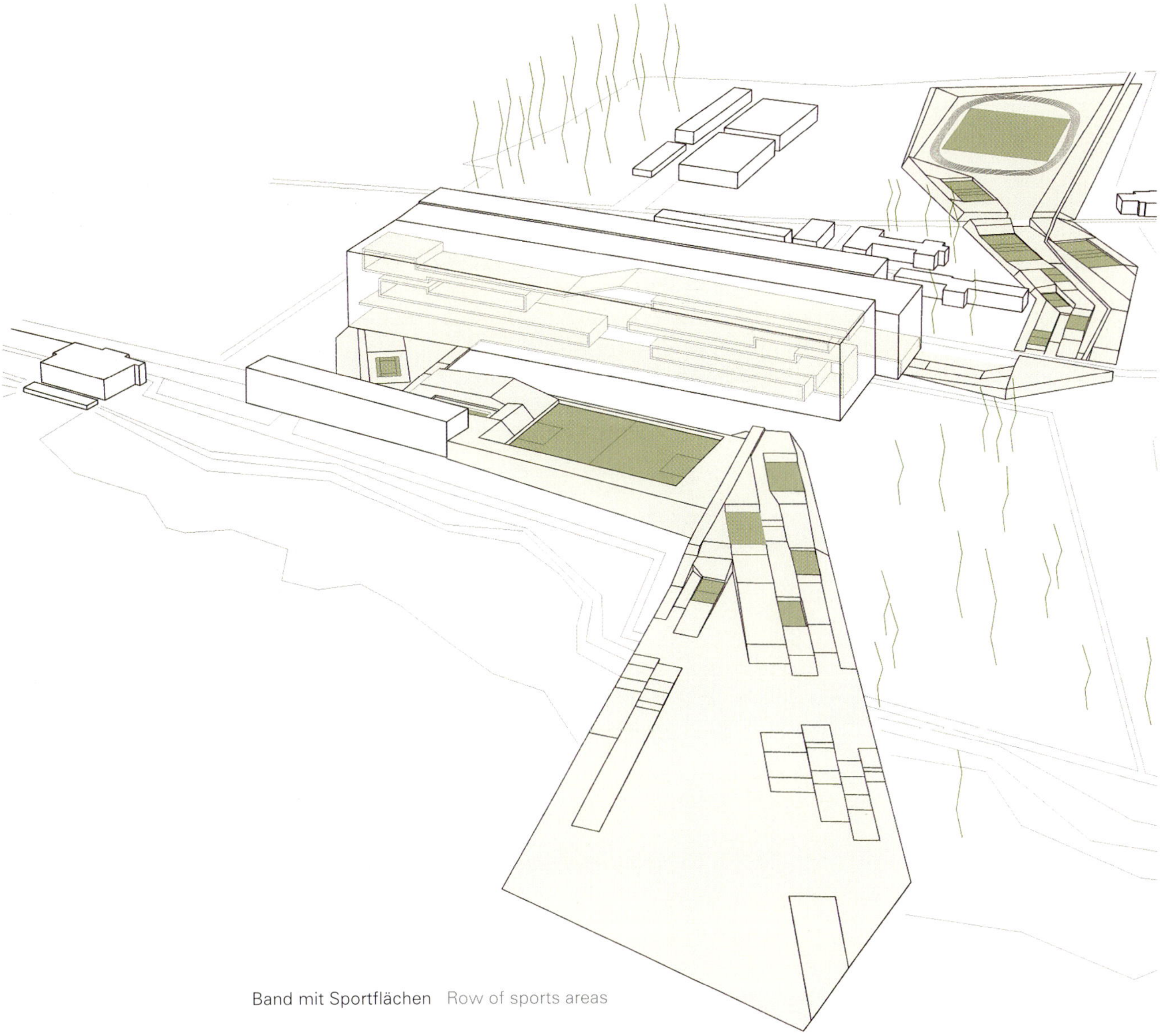

Band mit Sportflächen Row of sports areas

Freifläche mit Sportanlagen Open areas with sports facilities

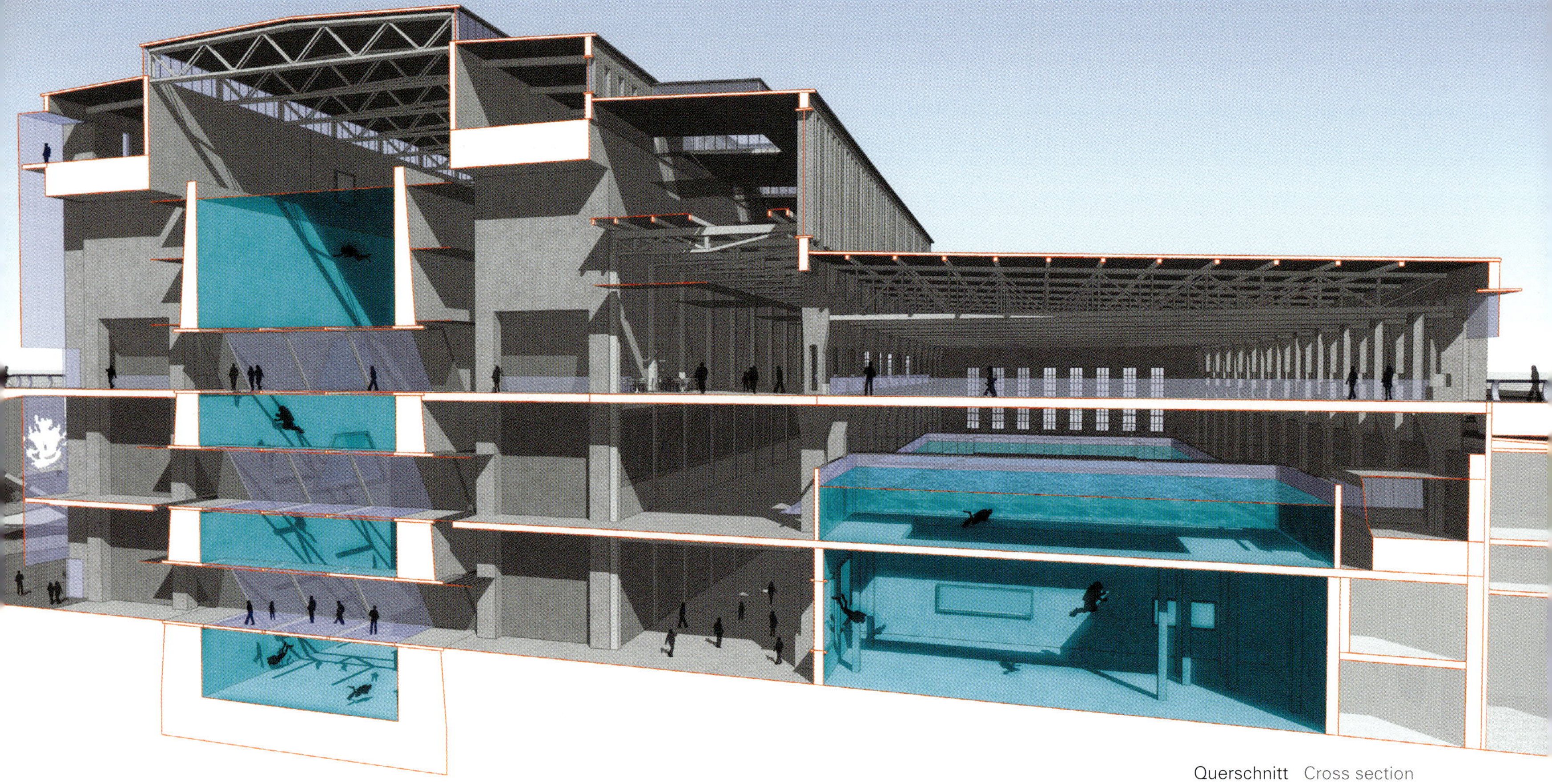

Querschnitt Cross section

Deep Blue 35

98 **Robert Emden**
Samuel Jerichow
Technische Universität Berlin
Prof. Klaus Zillich

Das Kraftwerk wird als Indoor-Tauchzentrum umgenutzt. Die Bodenöffnungen in der Maschinenhalle werden als Tauchtanks ausgebaut und bieten ein einmaliges Taucherlebnis. Das Hilfsmaschinenhaus dient als Gastronomiebereich und als Lounge und bildet eine Schnittstelle zwischen Maschinen- und Kesselhaus. Im Kesselhaus sind zwei weitere große Tauchtanks mit einer in Deutschland einmaligen Tauchtiefe von 35 Metern eingerichtet, die auch für Film- und Fotoarbeiten geeignet sind. Die Arbeitsräume dazu befinden sich im obersten Geschoss des Kesselhauses; sie umschließen die Tanks und bieten außerdem einen großzügigen Ausblick in die Umgebung und den Parkbereich des Kraftwerksareals. Das Schalthaus nimmt ein Entwicklungszentrum zur Herstellung und Erprobung neuer Tauchgeräte auf; die Nebengebäude dienen als Hotel- und Versorgungsbauten des Tauchzentrums.

The power plant is converted into an indoor diving centre. The cavities in the floor of the power house are reconstructed as diving tanks, offering a unique diving experience. The auxiliary power house functions as a restaurant area and lounge and forms an interface between the power house and boiler house. In the boiler house, another two large diving tanks have been created – with a depth of 35 metres, unique in Germany. These are also suitable for film and photographic work. The relevant workshops are situated on the top floor of the boiler house; they enclose the tanks and also offer an extensive view of the surrounding areas and the park in the power plant's grounds. The transformer station now accommodates a development centre for the production and testing of new diving equipment; the auxiliary buildings serve as a hotel and service buildings for the diving centre.

Ebene 0 Level 0

Einblick in die Tauchtanks View into the tanks

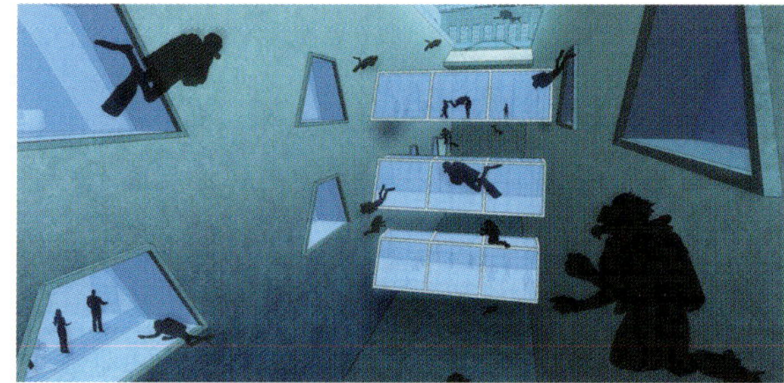

Tauchtanks im Kesselhaus Diving tanks in the boiler house

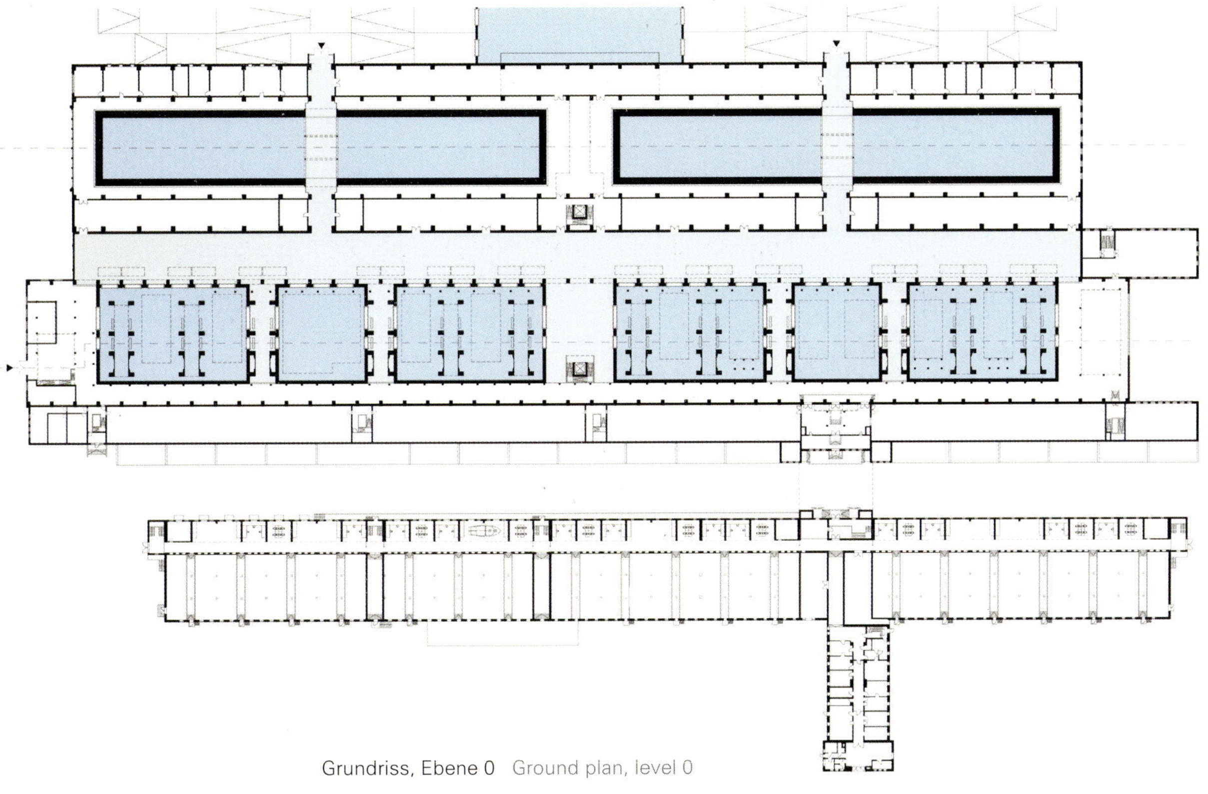

Grundriss, Ebene 0 Ground plan, level 0

Tauchen in der Maschinenhalle Diving in the machine shop

Kugelbahnen im Kesselhaus Zorbing runs in the boiler house

Homo Volvens

Stephanie Bock
David Fischer
Isabelle Frase
Technische Universität Berlin
Prof. Klaus Zillich

Das Kraftwerk wird als gigantische Kugelbahn für *Zorbing* genutzt. Diese Funsportart aus Neuseeland wird bislang nur als Outdooraktivität angeboten und könnte im Großkraftwerk erstmals in einen Innenraum verlegt werden. Das Kraftwerk wird in drei Bereiche aufgeteilt: Eingangsbereich im Verwaltungsbau, Lager und Werkstätten im Schalthaus und Kugelbahnen im Maschinen- und Kesselhaus. Es werden vier verschiedene Bahnen eingerichtet, die dem Maschinenhaus, den Kohlebunkern, den Kesseln und ihren Zwischenräumen zugeordnet sind. Die jeweiligen Teile des Kraftwerks bestimmen Art und Länge der Bahnen und damit das Erlebnis der Nutzer. Das gigantische Raumvolumen des Kraftwerks soll auf diese Weise durch die Besucher in einer räumlichen Bewegung auf den Bahnen erfahren werden.

The power plant is used as a gigantic run for *Zorbing*. As yet, this fun sport from New Zealand has only been offered as an outdoor activity; it could be pursued indoors for the first time at the large-scale power plant. The power plant is divided into three areas: entrance area in the administration building, store and workshops in the transformer station, and Zorb runs in the power house and boiler house. Four different runs will be created, allocated to the power house, the coal bunkers, the boiler house and their interim rooms. Each part of the power station will determine the nature and length of the runs and thus the experience offered to the participants. In this way, the gigantic spatial volumes of the power station will be experienced by visitors as they are projected along the runs.

Zuschauer im Maschinenhaus Spectators in the power house

Blick zum Hilfsmaschinenhaus View towards the auxiliary power house

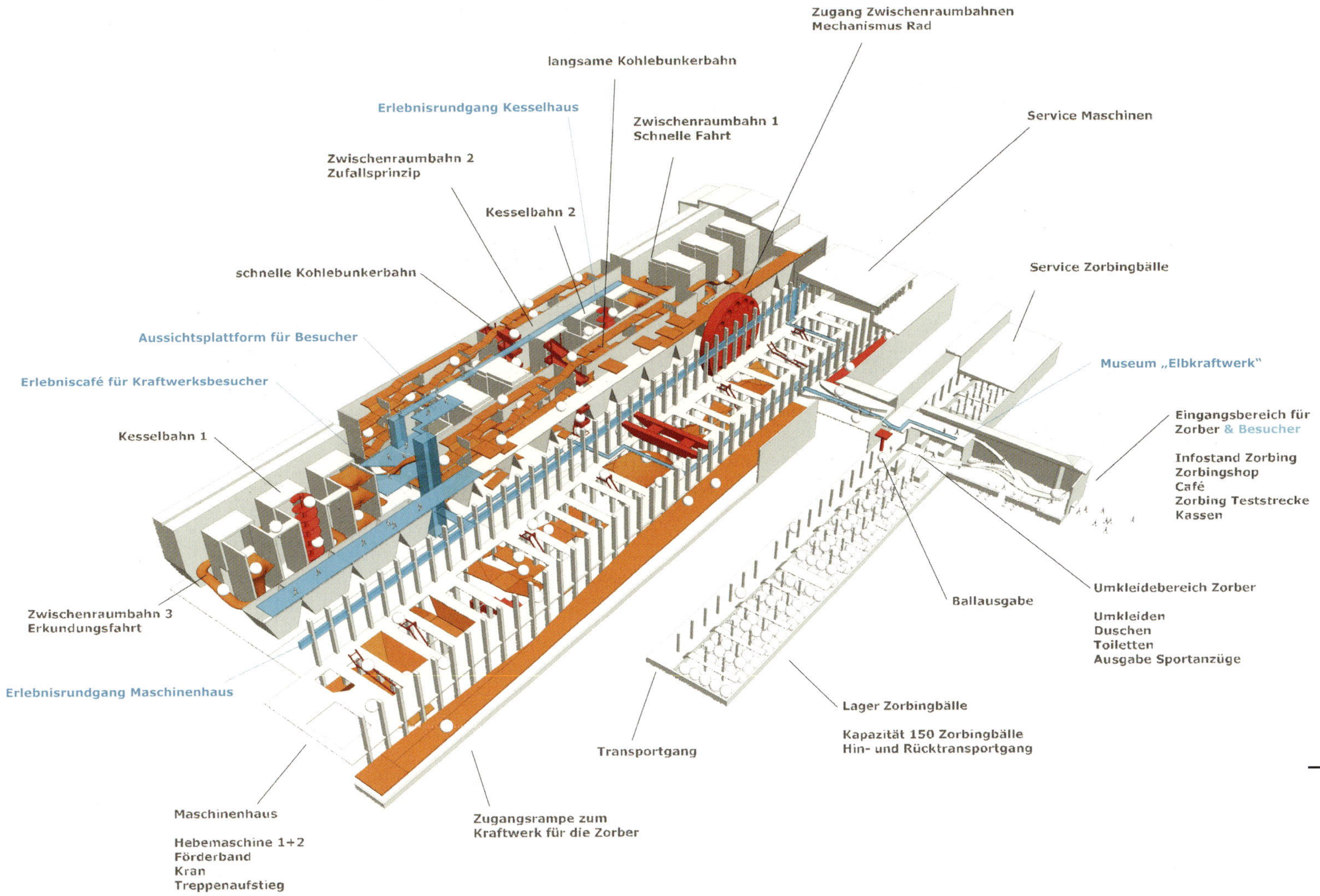

Zugang Zwischenraumbahnen
Mechanismus Rad
langsame Kohlebunkerbahn
Erlebnisrundgang Kesselhaus
Zwischenraumbahn 1
Schnelle Fahrt
Service Maschinen
Zwischenraumbahn 2
Zufallsprinzip
Kesselbahn 2
Service Zorbingbälle
schnelle Kohlebunkerbahn
Aussichtsplattform für Besucher
Museum „Elbkraftwerk"
Erlebniscafé für Kraftwerksbesucher
Eingangsbereich für
Zorber & Besucher
Infostand Zorbing
Zorbingshop
Café
Zorbing Teststrecke
Kassen
Kesselbahn 1
Umkleidebereich Zorber
Umkleiden
Duschen
Toiletten
Ausgabe Sportanzüge
Ballausgabe
Zwischenraumbahn 3
Erkundungsfahrt
Erlebnisrundgang Maschinenhaus
Lager Zorbingbälle
Kapazität 150 Zorbingbälle
Hin- und Rücktransportgang
Transportgang
Maschinenhaus
Hebemaschine 1+2
Förderband
Kran
Treppenaufstieg
Zugangsrampe zum
Kraftwerk für die Zorber

Funktionsverteilung Distribution of functions

schnelle Bunkerfahrt
Mechanismus
Bergwerk
langsame Bunkerfahrt

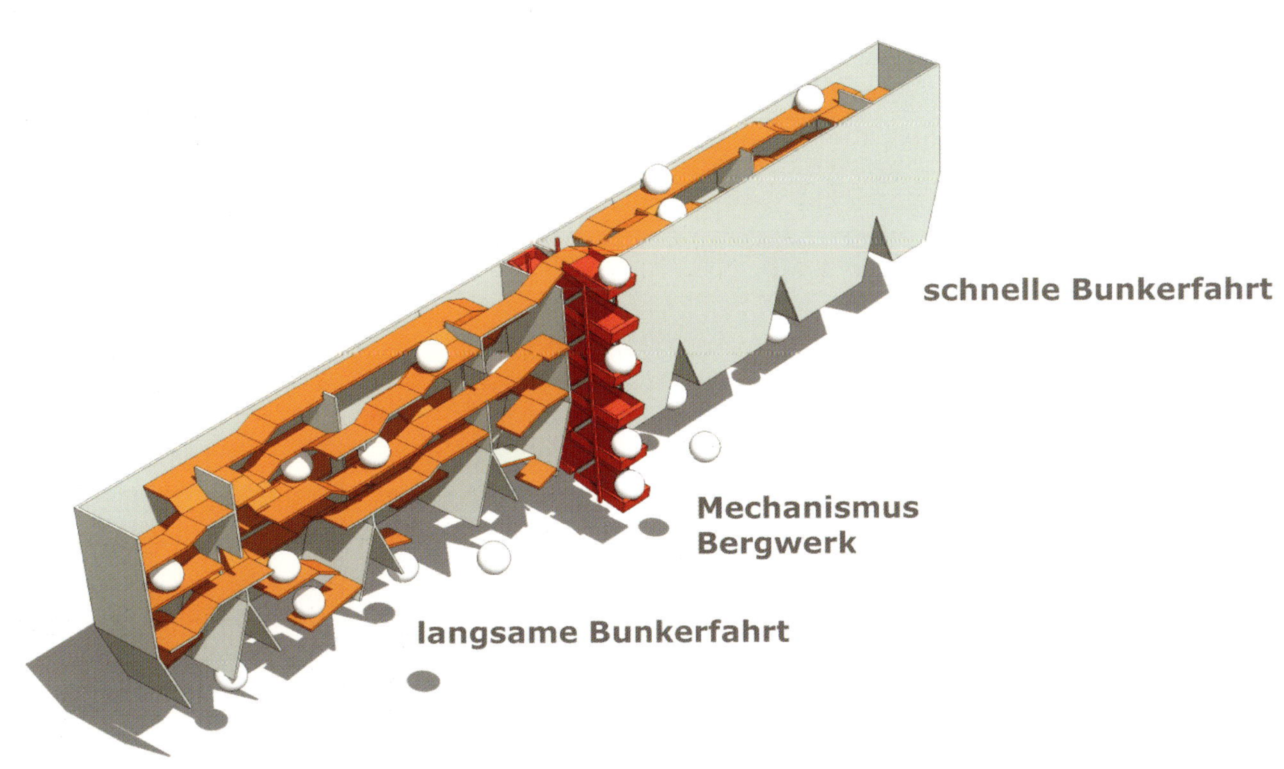

Kugelbahnen im Kohlebunker Zorb runs in the coal bunkers

Ansicht von Westen West elevation

Stoke Park

Kristina Bach
Brandenburgische Technische Universität Cottbus
Prof. Axel Oestreich

Das einzigartige Angebot von Extremsportarten – wie z.B. Surfen auf einer stehenden Welle, Klettern, Skaten, *Le Parkour*, Tischtennis, Trampolin, Bodyflying und Ricochet/Squash – macht den *Stoke Park* zu einer einzigartigen Attraktion in Deutschland. Abgesehen von idealen Bedingungen für Trainingslager und Feriencamps, wird jedem Extremsportbegeisterten auch bei einem Tagesausflug ein einmaliges Erlebnis verschaffen. Durch das Entfernen einiger Kessel wird eine außergewöhnliche Raumsituation geschaffen, die die Struktur und Monumentalität des Industriebaus betont. Im gewonnenen Freiraum werden ein Skate-Park und eine Kletterwand installiert. Im Maschinenhaus befindet sich ein 230 Meter langes Wasserbecken zum Schwimmen und Surfen. Die klare Linearität des Gebäudes wird durch die Nutzungsbelegung unterstrichen und in der Gestaltung des Außenraums fortgesetzt.

Its unique provision for extreme sports – such as surfing on standing waves, climbing, inline skating, *Le Parkour*, table tennis, trampolining, bodyflying and ricochet/squash – make the *Stoke Park* into a unique attraction in Germany. Quite apart from ideal conditions for training and holiday camps, the park also offers every extreme sport enthusiast a unique experience, even in the course of a day's outing.
An unusual spatial situation is created by removing some of the boilers and so emphasising the structure and monumentality of the industrial building. A skate-park and a climbing wall are installed in the space created. In the power house there is a 230 metre pool for swimming and surfing. The clear linearity of the building is underlined by the layout of functions and continued in the design of the external areas.

Skating und Le Parkour Skating and Le Parkour

Klettern und Bodyflying Climbing and bodyflying

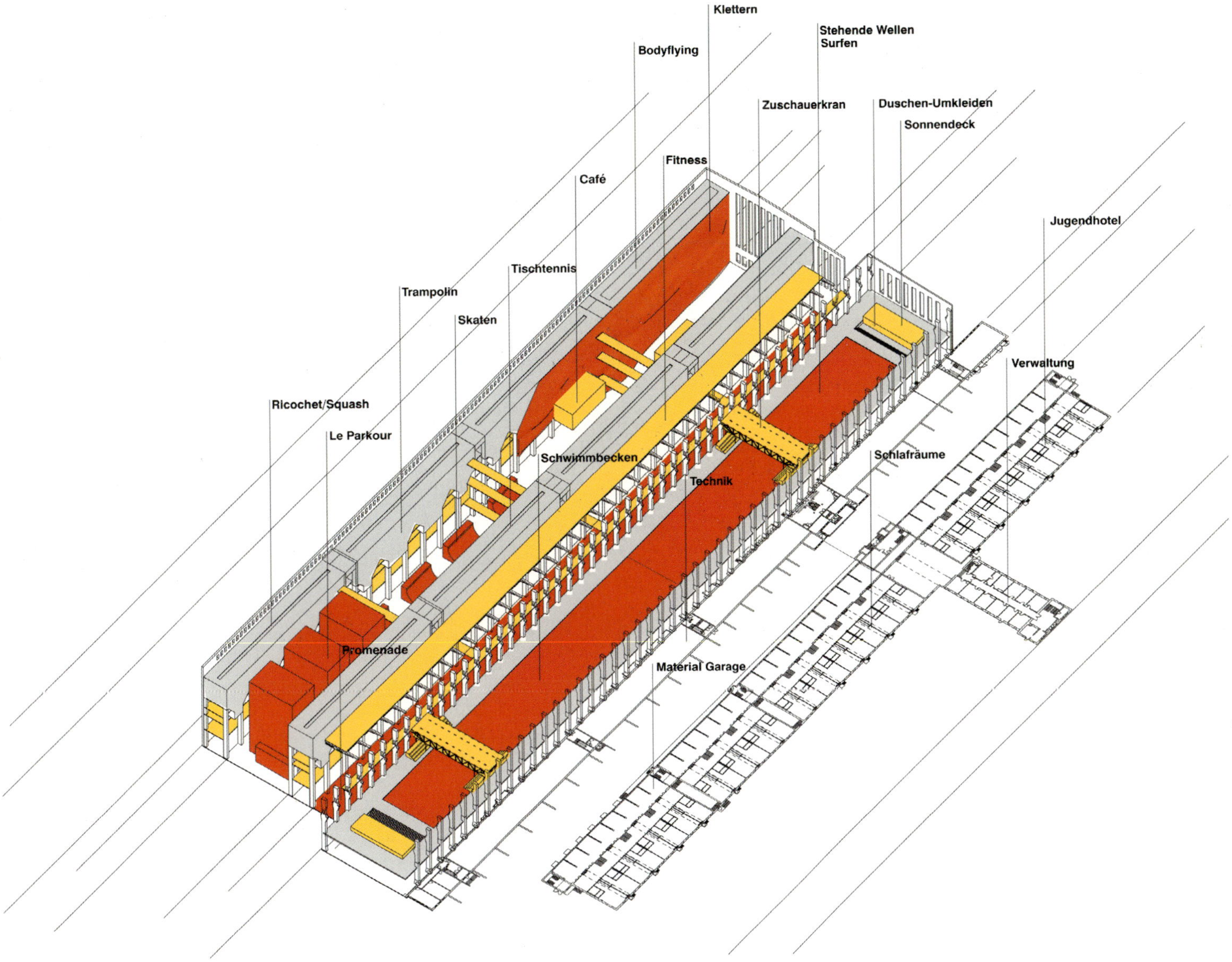

Klettern
Stehende Wellen
Surfen
Bodyflying
Zuschauerkran
Duschen-Umkleiden
Sonnendeck
Fitness
Café
Jugendhotel
Tischtennis
Trampolin
Skaten
Verwaltung
Ricochet/Squash
Le Parkour
Schwimmbecken
Schlafräume
Technik
Promenade
Material Garage

Funktionsverteilung Distribution of functions

Maschinenhalle Machine shop

Verglaste Einbauten Glass installations

Sportwerk

Anja Klein
Steffen Peist
Hochschule Anhalt-Dessau
Prof. Johannes Kister

Als Sportanlage für Urlauber, Vereine und Tagesnutzer erhält das Kraftwerk eine neue Funktion. Eine Kletterwand und Aktionsboxen beleben das Kesselhaus; auf der Hauptebene des Maschinenhauses befindet sich eine Mehrzweckhalle für Basketball, Volleyball, Hallenfußball, Hockey und Badminton. Für Großveranstaltungen und Wettkämpfe stehen ausziehbare Tribünen zur Verfügung. Das Schalthaus nimmt Kegelbahnen und eine Schießanlage auf. Durch die Einbauten bleibt die überkommene Struktur mit ihren Oberflächen und teilweise mit ihren technischen Anlagen erhalten. Folgerichtig sind auch für die Fassaden keine Veränderungen vorgesehen. Lediglich der Eingangsbereich des Maschinenhauses wird durch einen Glasanbau betont.

The power station receives a new function as a sports centre for holidaymakers, clubs and day users. A climbing wall and action boxes revitalise the boiler house; on the main floor of the power house there is a multi-purpose hall for basketball, volleyball, indoor football, hockey and badminton. Pull-out seating areas are available for large-scale events and competitions. The transformer station accommodates skittle alleys and a shooting range. Since the innovations are integrated into the old building, the traditional structure with its surfaces and part of the technical apparatus remains intact. Logically, no changes to the façades are planned. Only the entrance area of the power house is emphasised by a glass extension.

Café im Schalthaus, Ebene 1 Café in the transformer station, level 1

Bowling im Schalthaus, Ebene 0 Bowling in the transformer station, level 0

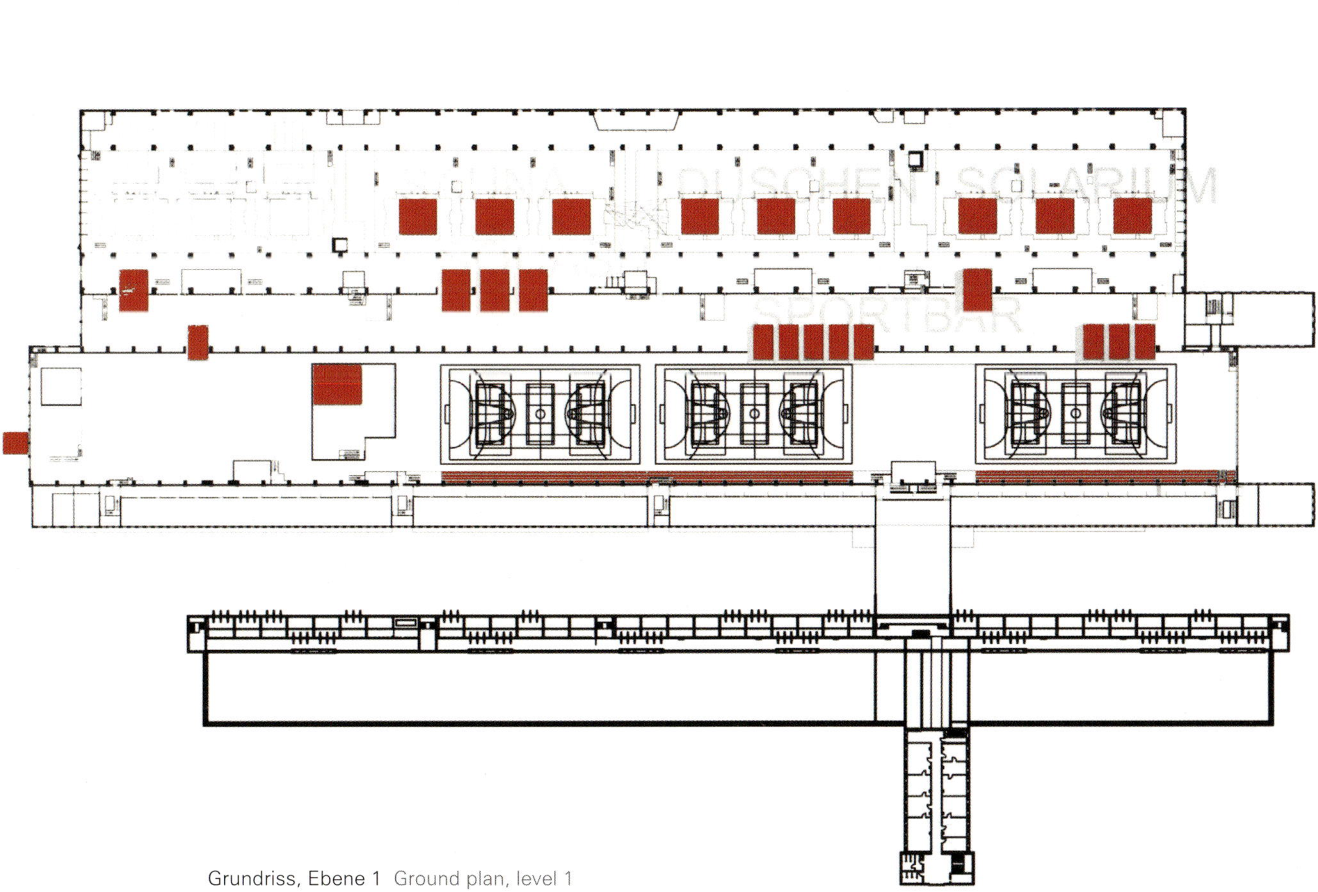

Grundriss, Ebene 1 Ground plan, level 1

Entspannung im Café Relaxation in the café

Body-Reactivation

Tibor Balogh
Stephanie Fähnrich
Lars Müller
Hochschule Anhalt-Dessau
Prof. Johannes Kister

Das Großkraftwerk wird mit den es umgebenden Freiflächen zu einem Sport- und Rehabilitationszentrum umgenutzt. Neben klassischen Sportnutzungen in der Maschinenhalle und dem Hilfsmaschinenhaus wird in das Kesselhaus ein großzügiger Wellness- und Gastronomiebereich eingepasst. Im Übergang zum Schalthaus mit seinen Seminar- und Aufenthaltsräumen wird ein Internetcafé und Kommunikationsraum eingerichtet, der seine besondere Atmosphäre der Auskleidung der ehemaligen Warte mit Schaltschränken und Tableaus verdankt. Die Nebenbauten auf dem Gelände werden als Unterbringungsmöglichkeiten für die Gäste des Sport- und Rehabilitationszentrums hergerichtet. Am Ufer der Elbe bietet sich das ehemalige Einlaufgebäude als Gastronomiebereich und Bootshaus an und damit als Ort der Erholung.

The power plant and the surrounding open land are converted into a sport and rehabilitation centre. Besides classic sport facilities in the power house and auxiliary power house, an extensive wellness and restaurant area is integrated into the boiler house. An Internet café and communications room will be established in the area leading to the transformer station with its seminar and recreation rooms; the café owes its unique atmosphere to the interior of the former control point with its switch boards and tableaux. The secondary buildings on the site will be renovated as possible accommodation for guests to the sport and rehabilitation centre. On the bank of the Elbe, the former in-feed building is an ideal restaurant and boathouse, thus offering further recreation opportunities.

Spielfeld 1 Playing field 1

Spielfeld 2 Playing field 2

Spielfeld 3 Playing field 3

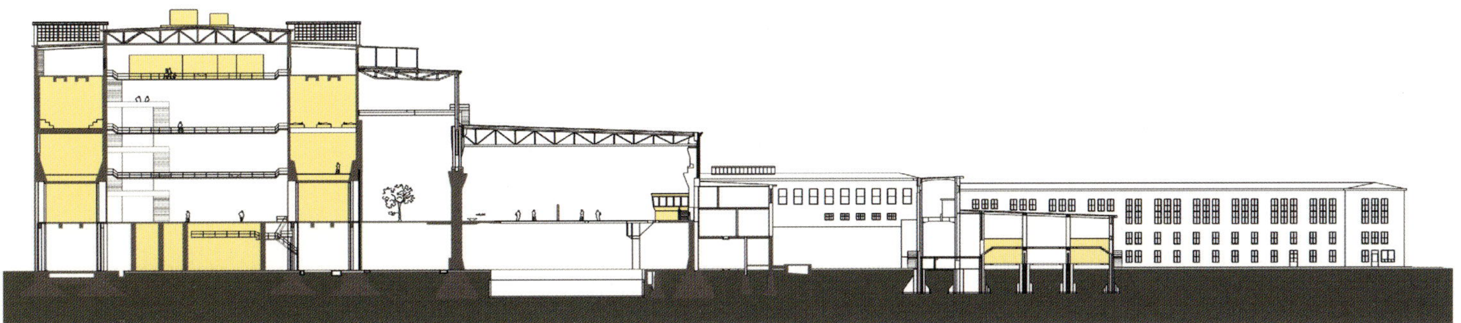

Querschnitt Cross section

Maschinenhalle Machine shop

Aufsicht Top view

Kraftwerk

Katja Lindrath
Yvonne Schieck
Juliane Rohr
Carina Voge
Hochschule Anhalt-Dessau
Prof. Johannes Kister

Das Großkraftwerk in Vockerode und seine Freianlagen werden zum Sport- und Eventcenter umgenutzt. Die vorgefundenen Räume und die Fassaden des Kraftwerks bleiben dabei weitestgehend erhalten. Das Sport- und Eventcenter ist auf Breiten- und Leistungssport eingestellt und eignet sich zur Austragung von Wettkämpfen und Turnieren. Für längere Aufenthalte stehen eine Vielzahl von Übernachtungsmöglichkeiten in Appartements und Hotels und ein Campingplatz im umgebenden Sportpark zur Verfügung. In den Park sind außerdem ein Parcour für Radfahrer und Inlineskater und unterschiedliche Spielfelder eingebettet. An der Elbe ist eine Schiffsanlegestelle mit Bootsverleih und Café vorgesehen. Vier neue Türme in Form der alten Schornsteine stellen eine von weitem sichtbare Landmarke dar. Sie dienen zur Beleuchtung der Spielfelder und bieten Gelegenheit zum Bungeejumping und Bodyflying.

The large-scale power plant in Vockerode and its grounds are converted for use as a sports and events centre. The existing rooms and the façades of the power station are largely unaltered. The sports and events centre is aimed at popular and competitive sport and will be suitable for the staging of competitions and tournaments. Accommodation in apartments, hotels and a camp site in the surrounding sports park will be available for those wishing to stay longer. In addition, a track for cyclists and inline skaters and various playing fields will be incorporated into the park. Beside the Elbe, there are plans for a landing stage with boat hire and a café. Four new towers in the form of the old chimneys create a landmark visible from a distance. They are used for lighting for the playing fields and offer opportunities for bungee jumping and bodyflying.

Tennis Tennis

Fechten Fencing

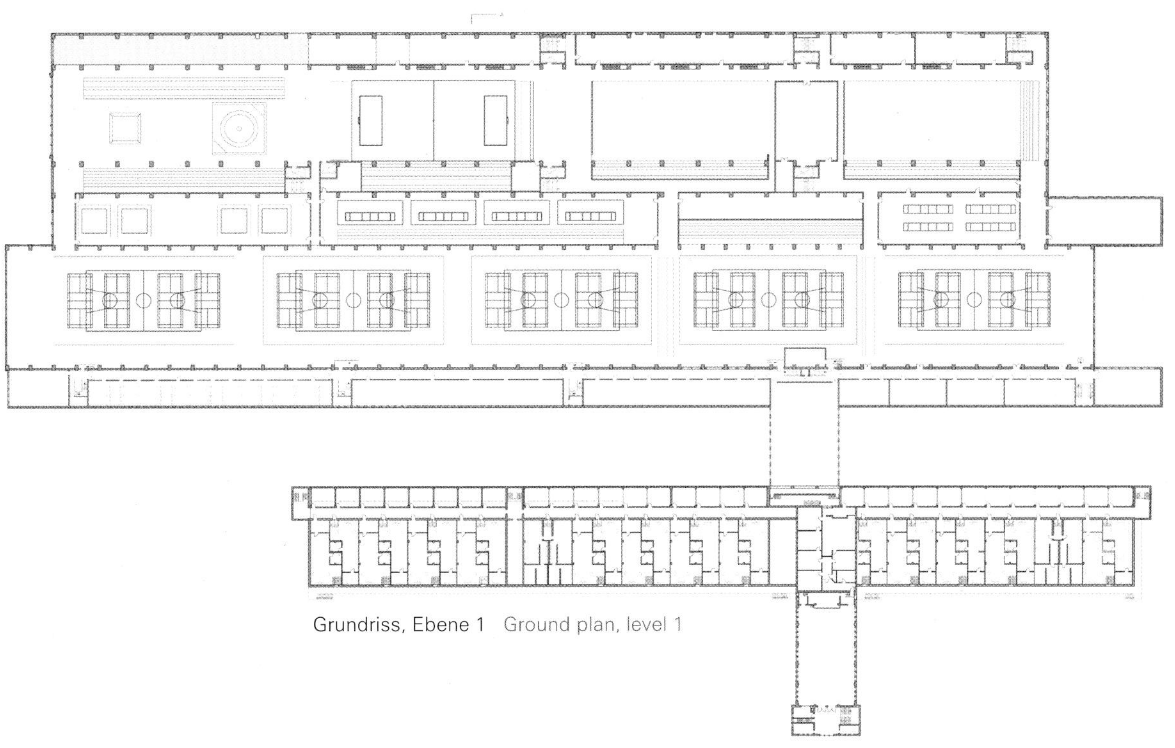

Grundriss, Ebene 1 Ground plan, level 1

Maschinenhalle mit Spielfeld Machine shop and playing field

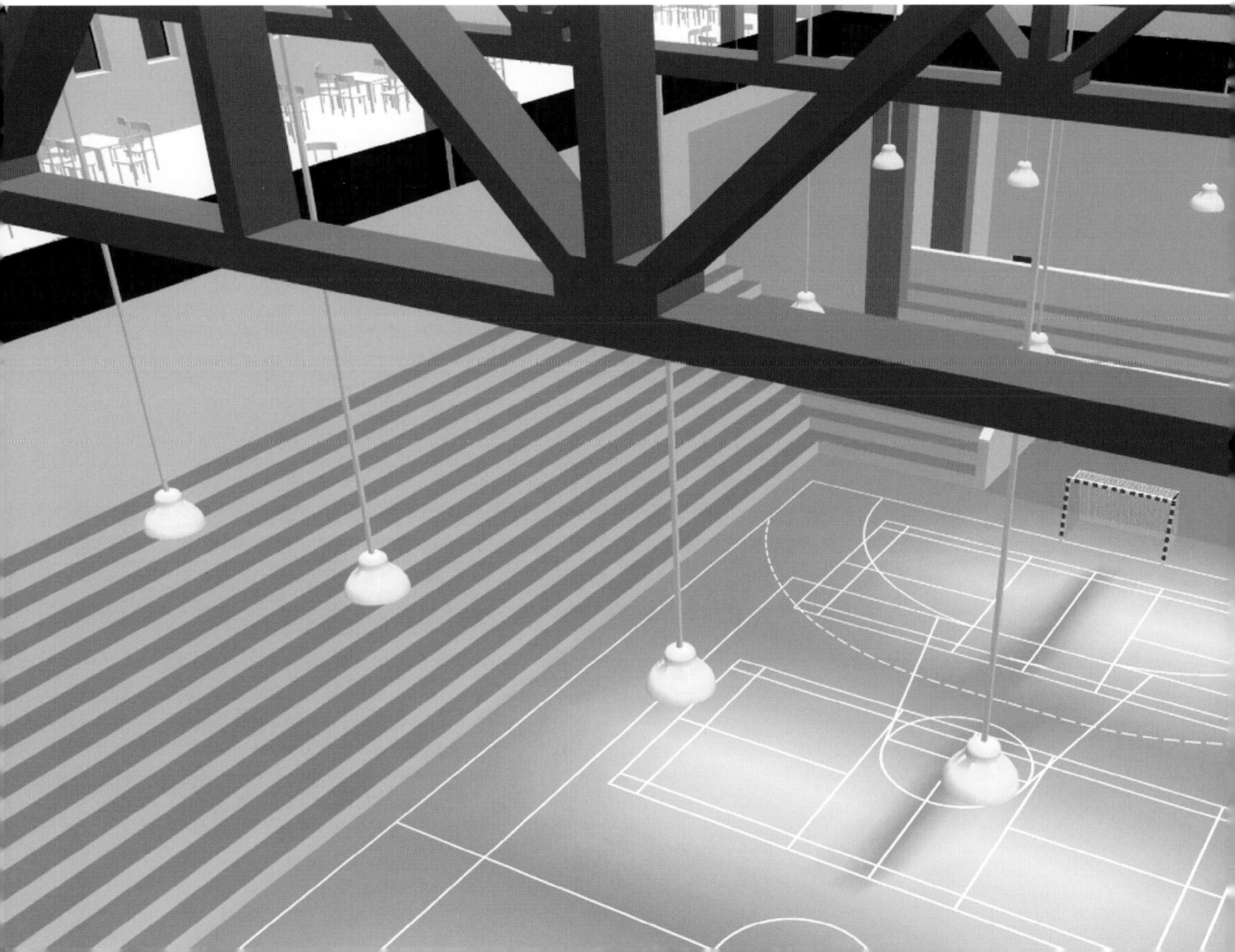

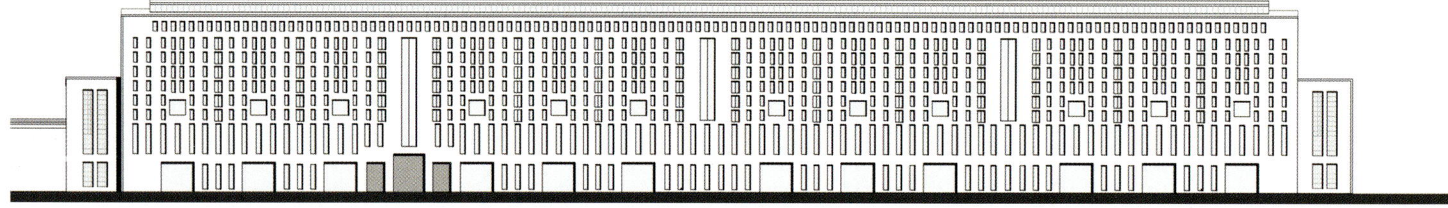

Fassade Süden South façade

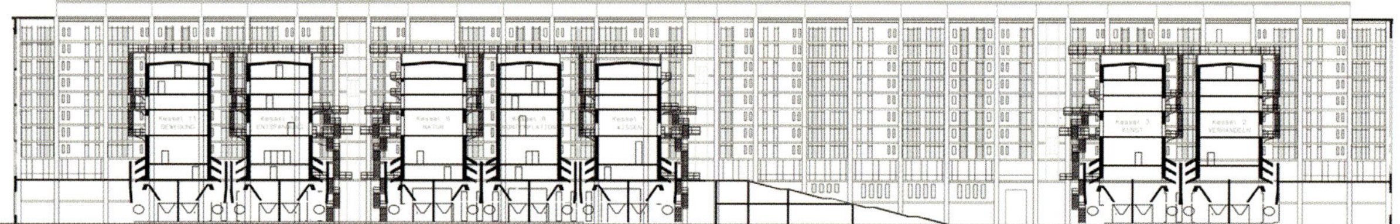

Längsschnitt Longitudinal section

Vockerode entspannt

110 **Achim Schaer**

Universität Dortmund
Prof. Walter Arno Noebel

Mitten im Gartenreich gelegen, bietet das ehemalige Kraftwerk Vockerode ein Zentrum zum Entspannen, zum Urlaubmachen und zum Erleben der Gartenlandschaft. Die vorgefundene Baustruktur wird aufgegriffen und mit neuen Nutzungen belegt. Die Kessel als originäre Elemente werden erhalten und zur räumlichen Teilung der Kesselhalle genutzt. Jeder Kessel bekommt ein spezifisches Thema zugewiesen, das seine Nutzung konzeptionell bestimmt. Die Zimmerkomplexe werden in den ehemaligen Kohlebunkern untergebracht. Eine große Freitreppe führt vom Erdgeschoss der Maschinenhalle auf die Hauptebene, die mit Theater, Kino, Schwimmbad, Ballsaal und Restaurant die Hauptattraktion des Kraftwerks darstellt. An der Elbe entsteht ein Yachthafen, der es Besuchern ermöglicht, einen Aufenthalt im Großkraftwerk mit einem maritimen Urlaub zu verbinden.

Set at the centre of the Garden Kingdom, the former power plant Vockerode offers a centre for relaxation, holidaying and experiencing the garden landscape. The existing building structure is taken over and given fresh functions. The boilers are retained as original elements and used to divide up the space of the boiler house. Each boiler is allocated a specific theme, conceptually determining its usage. The accommodation is in the former coal bunkers. A large open staircase leads from the ground floor of the power house to the main level. This represents the power station's main attraction with a theatre, cinema, swimming pool, ballroom and restaurant. A yacht harbour is created beside the Elbe, enabling visitors to combine a stay at the power plant with a maritime holiday.

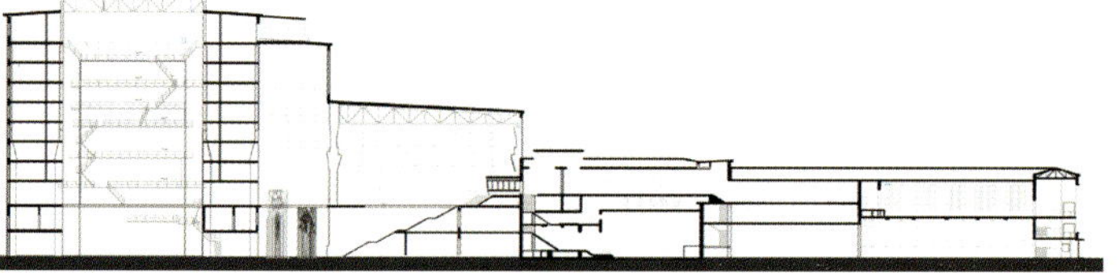

Querschnitt Cross section

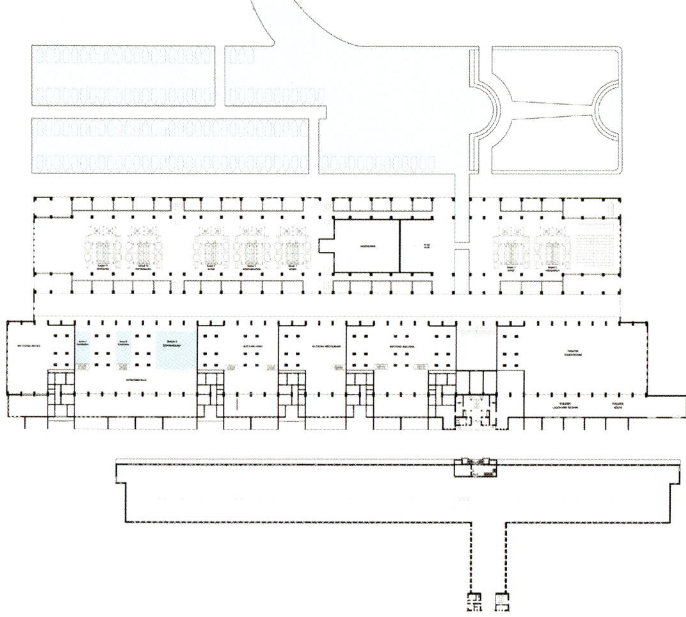

Grundriss, Ebene 0 Ground plan, level 0

Foyer im Kesselhaus Foyer in the boiler house

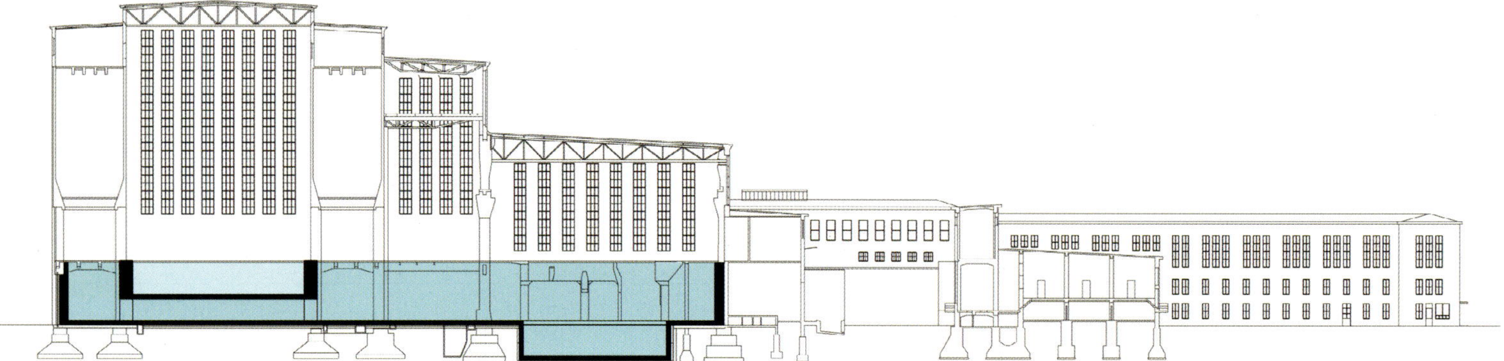

Querschnitt Cross section

Elbe und Flut

112 **Isabell Blaeser**

Technische Universität Kaiserslautern
Prof. Helmut Kleine-Kraneburg

Das Großkraftwerk „Elbe" dient als Tauch- und Schwimmbasis. Die Umfassungswände des Kraftwerks werden in den unteren Geschossen durch eine wasserdichte Betonmauer verstärkt und mit Wasser aus der Elbe bis zur Hauptebene, auf acht Meter Höhe, geflutet. In das Tauchbecken sind wiederum zwei weitere Becken eingelassen, die als Schwimm- und Wellnessbecken nutzbar sind. Die ehemaligen Büroräume werden zum Sauna- und Wellnessbereich ausgebaut und durch Entfernung der Trennwand zur Maschinenhalle hin geöffnet. Über den Brückenbau erreicht man das ehemalige Schalthaus, in dem ein Hotel, Seminarräume und ein Tauchshop untergebracht sind. Im Erdgeschoss des einstigen Verwaltungsgebäudes an der Griesener Straße befinden sich Rezeption und Empfang; die Obergeschosse beherbergen ein Restaurant und eine Bar.

The power plant "Elbe" functions as a base for diving and swimming. The enclosing walls of the power station are consolidated using a waterproof concrete wall on the ground floors and flooded with Elbe water up to the main floor, at a height of 8 metres. Two additional tanks are let into the main diving tank; these can be used as a swimming pool and a wellness pool. The former offices are converted into a sauna and wellness area and opened out by removing the dividing wall to the power house. The former transformer station is accessed via the bridge construction and accommodates a hotel, seminar rooms and a diving shop. On the ground floor of the former administration building on Griesener Straße there is a reception area; the upper floors include a restaurant and a bar.

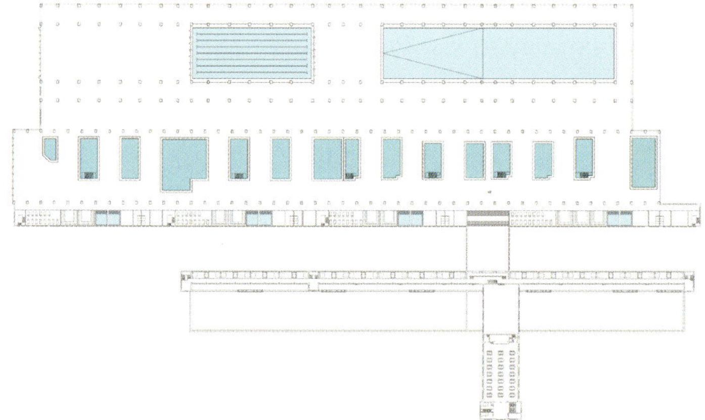

Grundriss, Ebene 1 Ground plan, level 1

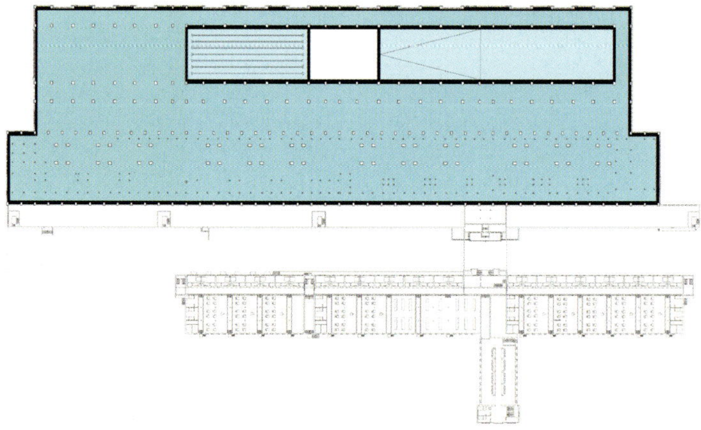

Grundriss, Ebene 0 Ground plan, level 0

Tauchen im Maschinenhaus
Diving in the power house

Ansicht von der Elbe Elevation from the river Elbe

Sportwerk

114 **Oliver Gibbins**
Fachhochschule Potsdam
Prof. Bernd Albers

Unter Wahrung des Erscheinungsbilds wird im Großkraftwerk „Elbe" und auf den Außenanlagen ein breites Spektrum von Sportaktivitäten angeboten. Das *Sportwerk* richtet sich an einzelne Sportler und Gruppen, bietet Aufenthaltsmöglichkeiten in einer Jugendherberge und einem Hotel mit Tagungsräumen. Träger ist eine Projektgesellschaft, die den betreuten Leistungssport vermarktet. Ein Partner dafür kann der Bundeswettbewerb der Deutschen Schulsportstiftung „Jugend trainiert für Olympia" sein, an dem bundesweit jährlich rund 900.000 Jugendliche teilnehmen. Unter Beibehaltung der Gebäudekubatur und weiter Teile der inneren Struktur ist die Umnutzung des Bestandes wirtschaftlich zu bewältigen. Vier hohe Windstelen zur natürlichen Energiegewinnung erinnern an die ehemaligen Schornsteine, stehen als Landmarken entlang der Nordfassade und bieten somit weithin sichtbar eine Orientierung für den Ort und die Region.

While preserving its appearance and architectonic character, a wide spectrum of sporting activities is offered in the large-scale power plant "Elbe" and the surrounding grounds. The *Sportwerk* is aimed at individuals and groups, and offers accommodation in a youth hostel and a hotel with seminar rooms. The sponsor is a project company that markets supervised competitive sport. A conceivable partner would be the Federal Competition of the German School Sports Foundation "Jugend trainiert für Olympia", in which around 900,000 young people take part each year. Retaining the cubature of the building and the majority of the inner structure, the conversion of the existing site is economically manageable. Four high wind steles for natural energy production recall the former chimneys. As landmarks standing along the north façade, they provide orientation for the village and the region that is visible from a great distance.

Ansicht von Norden North elevation

Spielfeld in der Maschinenhalle Playing field in the machine shop

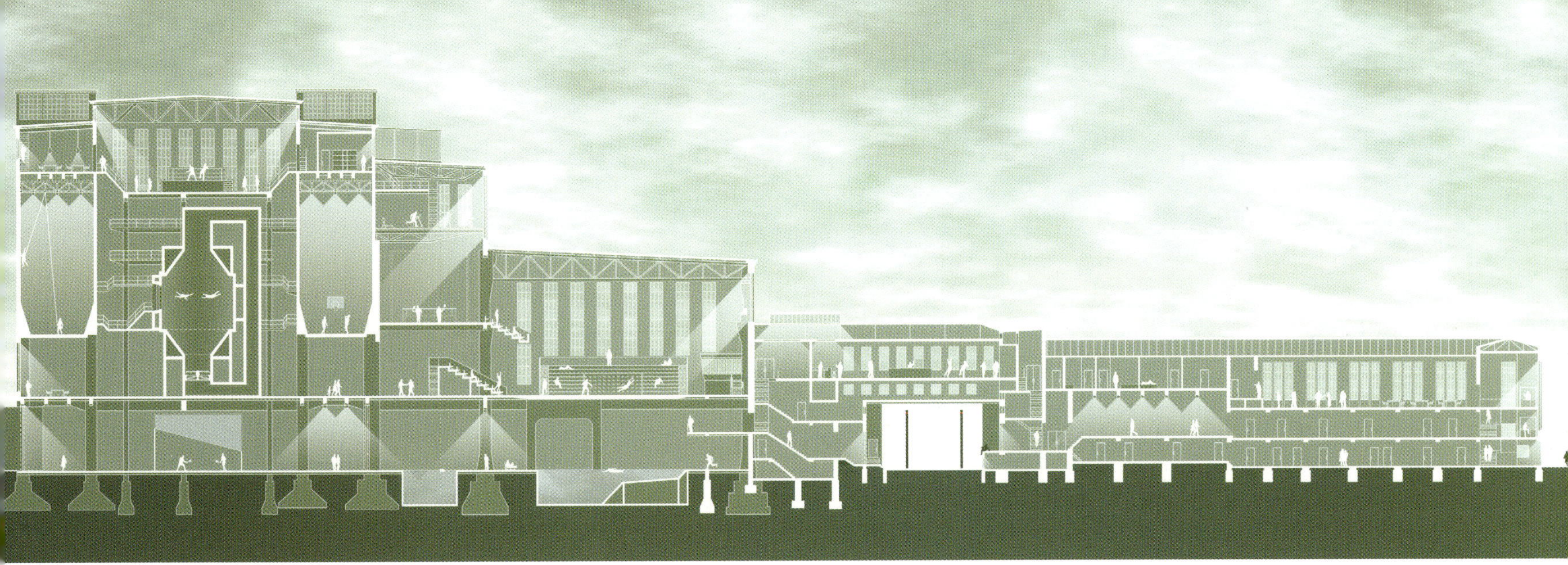

Querschnitt Cross section

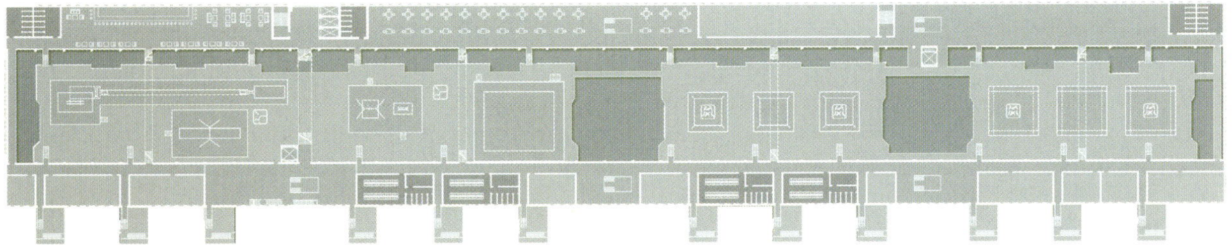

Obergeschoss Kesselhaus Upper floor, boiler house

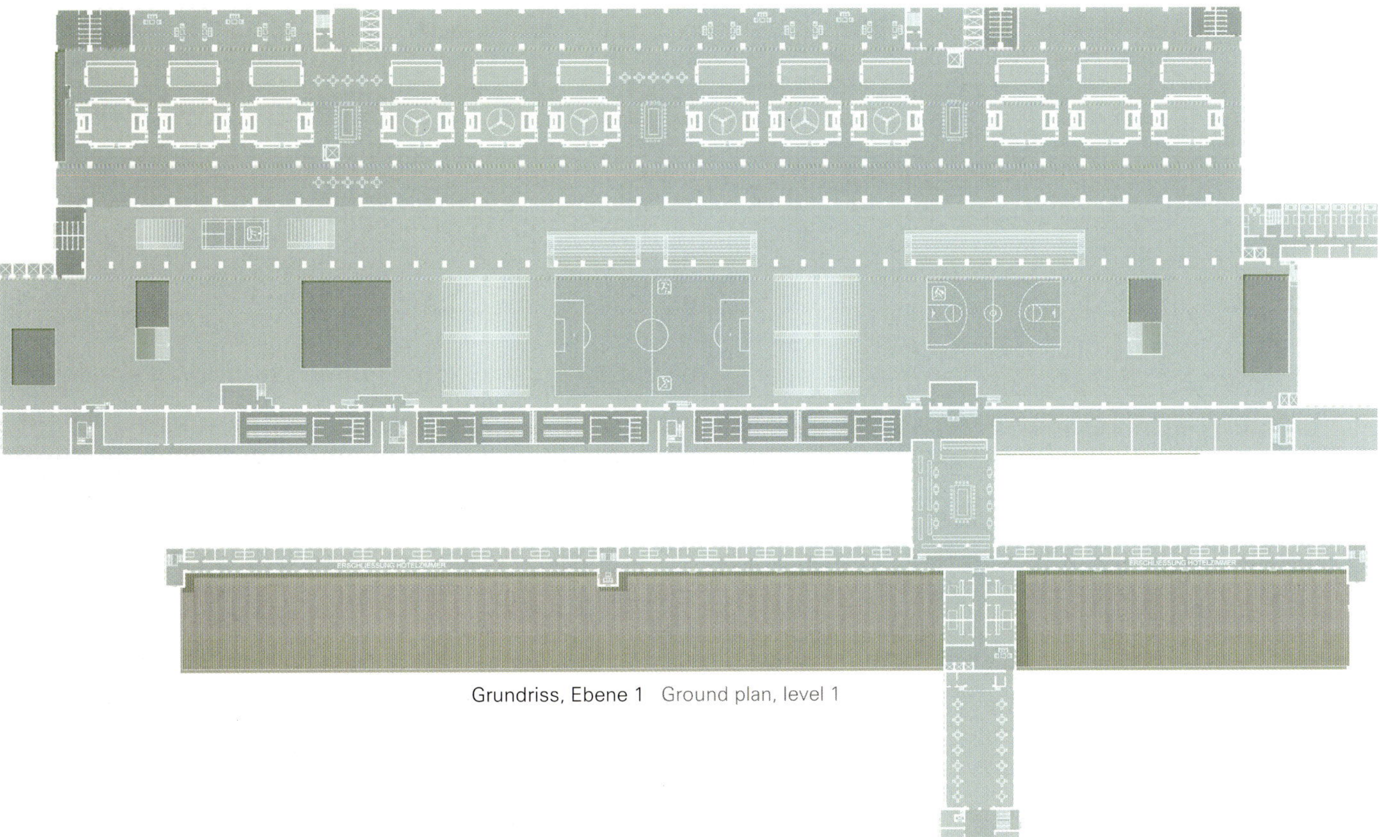

Grundriss, Ebene 1 Ground plan, level 1

Geflutetes Maschinenhaus, Ebene 0 Flooded power house, Level 0

Void

116 **Mark Kaul**
Universität Stuttgart
Prof. Arno Lederer

Die Arbeit entwickelt ein filmisch inspiriertes Szenario, in dem sich das Kraftwerk zu einem Ort der Selbstfindung in einer Umwelt, die man aufgegeben hat, wandelt:
„Das Kraftwerk "Elbe" in Vockerode bildet das Epizentrum dieses riesigen Zivilisationsvakuums, seine Geheimnisse sind mythenumrankt und es zieht viele Glücksritter in seine Nähe, von denen nicht alle zurückkehren. Das Kraftwerk wacht mit eiserner Hand über die in ihm versteckten Geheimnisse und weist in einer sequentiellen Abfolge der Haupträume durch Engpässe dem Eindringling immer wieder physisch wie auch psychisch seine Grenzen auf. Dabei ist ein Scheitern immer durch fundamentale Schwächen des Besuchers verschuldet, das Bauwerk selbst ist nur Abweiser und Spiegel. (...) Der erfolgreiche Suchende verlässt das Kraftwerk am Ende in der Erhabenheit des erkennenden Menschen, das Gebäude begnügt sich mit Blut, Schweiß und Tränen der Tausenden von Gescheiterten."

This work develops a scenario inspired by film, in which the power station is transformed into a place of self-discovery within an abandoned environment:
"The power station in Vockerode represents the epicentre of this huge vacuum of civilisation; its secrets are teeming with myth and many soldiers of fortune are drawn towards it. Not all of them return. The power station steadfastly guards the secrets concealed within it, and repeatedly demonstrates to any intruders their physical and psychic limitations in a sequence of main rooms joined by narrow corridors. Failure is always due to the visitor's fundamental weakness; the building itself does no more than reject and reflect. (...) The successful explorer finally leaves the power station with the sublimity of enlightenment, while the building must be content with the blood, sweat and tears of the thousands who fail."

Glücksritter im Kraftwerk Soldiers of fortune in the power plant

Begegnung im Kesselhaus Encounter in the boiler house

Blick in das Hilfsmaschinenhaus
View into the auxiliary power house

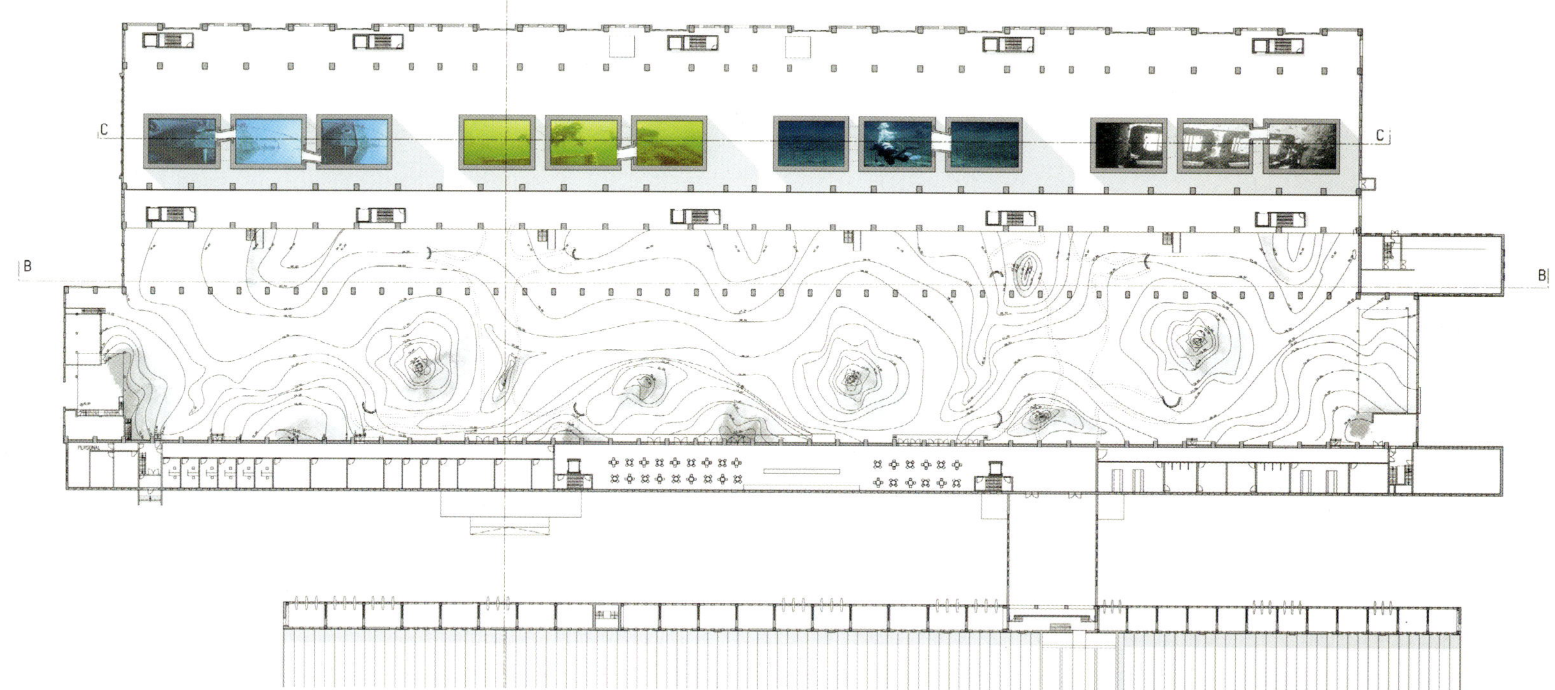

Grundriss, Ebene 1 Ground plan, level 0

Erde_Wasser

Nina Welz
Universität Stuttgart
Prof. Arno Lederer

Das Kraftwerk übersetzt die bestehenden Attraktoren Erde und Wasser seitens des Europaradweges und der Freizeiteinrichtungen an der Elbe in eine innenräumliche Erlebniswelt. Das ehemalige Maschinenhaus wird mit Sandbergen zu einer bewegten Landschaft für Mountainbikefahrten umgestaltet. Im Kesselhaus entsteht durch Umrüstung und Verbindung der Kessel ein einzigartiger Tauchbereich. Um die Monumentalität der Halle für den Besucher erlebbar zu machen, wird die Trennwand zwischen Maschinenhaus und Kesselhaus entfernt, und die hoch aufragenden Kessel werden frei aufgestellt. Durch lediglich geringe Veränderungen der vorhandenen Strukturen und der Oberflächen bleibt der Charakter der großen Hallenräume erhalten. Übernachtungsmöglichkeiten werden in großen Schlafsälen im benachbarten Schalthaus angeboten.

The power station translates the attractions of earth and water – the Europa cycle path and leisure opportunities on the banks of the Elbe – into an interior experience. The former power house is filled with mountains of sand and redesigned as an exciting landscape for mountain-biking. The boilers are adapted and connected to create a unique diving area in the boiler house. So that visitors can experience the true monumentality of the hall, the dividing wall between the power house and boiler house is removed to reveal the tall, striking boilers. Only slight alterations to the existing structures and surfaces are made, meaning that the character of the large-scale halls is retained. Overnight accommodation is offered in large dormitories in the adjacent transformer station.

Tauchen im Kessel Diving in a boiler

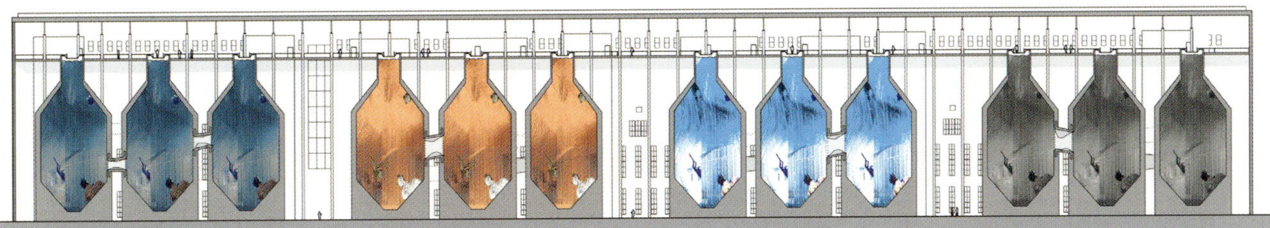

Längsschnitt Longitudinal section

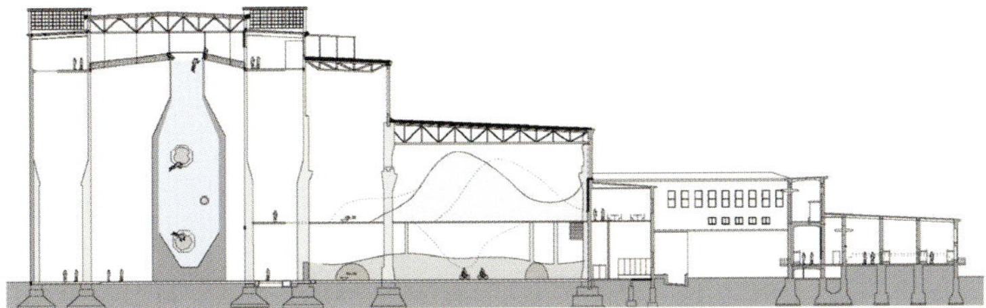

Querschnitt Cross section

Modellierte Landschaft im Maschinenhaus Modelled landscape in the power house

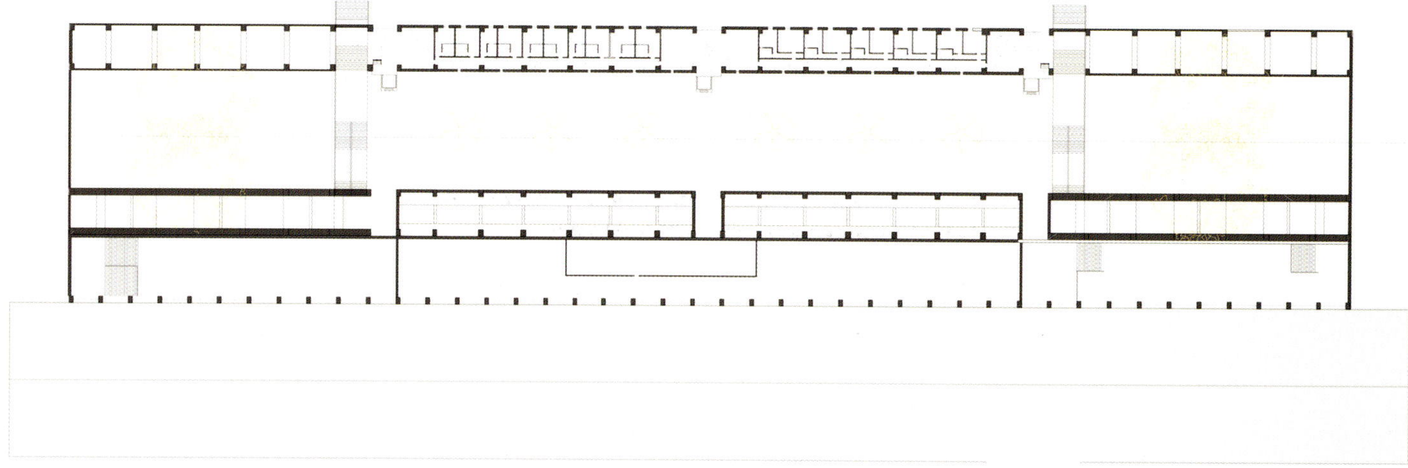

Grundriss, + 28.00 m Ground plan, +28.00 m

Mens sana in corpore sano

120 **Christina Cobo Agudo**

Bauhaus-Universität Weimar
Prof. Karl-Heinz Schmitz

Das Kraftwerk wird zum großen Empfangsraum, als „Tor zum Gartenreich" ausgebildet. Der Besucher wird hier auf einen entspannten Aufenthalt vorbereitet. Die Gebäude des Kraftwerks werden für ein Hotel mit Sportzentrum und Therme genutzt. Der gerade und direkte Weg durch das Gebäude erlaubt eine leichte Orientierung und gestattet es, die verschiedenen Räume entlang dieses Weges mit ihren jeweils eigenen Lichtstimmungen zu erleben. Jeder Raumschicht ist eine eigene Nutzung zugeordnet. Im Gebäude stellt sich die gewünschte Versöhnung des Menschen mit der Natur und mit sich selbst ein. Wenn Gäste ins Gartenreich kommen, dann können sie Luft holen und genießen – einatmen, entspannen, ausatmen. Das Gebäude mit seinen neuen Nutzungen lässt sich damit folgendermaßen beschreiben: Sport treiben (einatmen), Therme und Hotel (entspannen), und der Besuch der kulturellen Orte im Gartenreich (ausatmen).

The power station becomes a large reception area, developed as the "Gate to the Garden Kingdom". Here, the visitor is prepared for a relaxing stay. The buildings of the power station are used as a hotel with a sports centre and thermal baths. The straight, direct route through the building permits easy orientation, making it possible to experience the various rooms along it. Each has a different atmosphere, created by lighting. Every level of rooms is allocated a specific usage. Man's longed-for reconciliation with himself and with Nature begins in the building. When guests arrive in the Garden Kingdom, they are able to breathe deeply and enjoy themselves – breathing in, relaxing, and breathing out. With its new functions, the power station can be described in the following, corresponding way: sport (breathing in), thermal baths and hotel (relaxing), and a visit to the cultural sites in the Garden Kingdom (breathing out).

Foyer Foyer

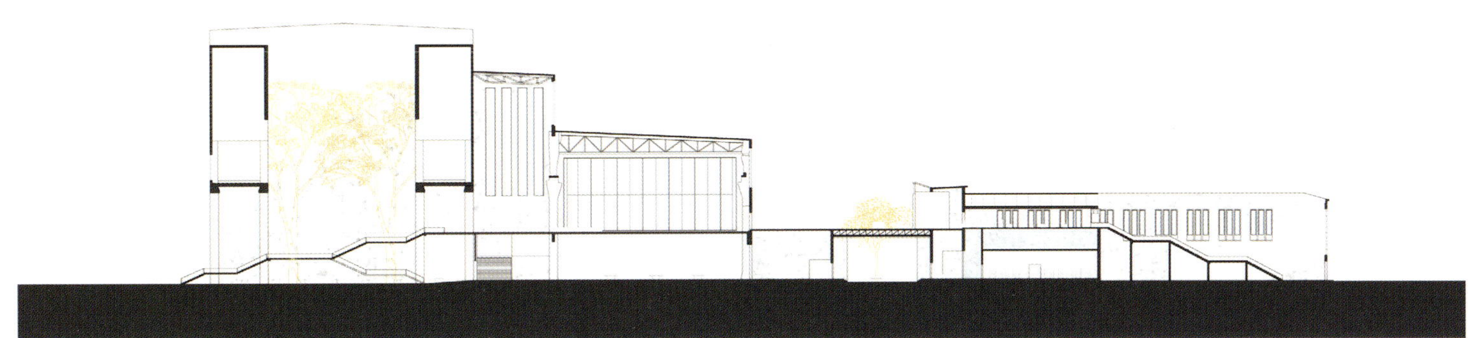

Querschnitt   Cross section

Café und Sport-Areal   Café and sport area

014 Extremsportwerk
Juliane Heinrich, Moritz Mittag
Technische Universität Berlin
Prof. Klaus Zillich

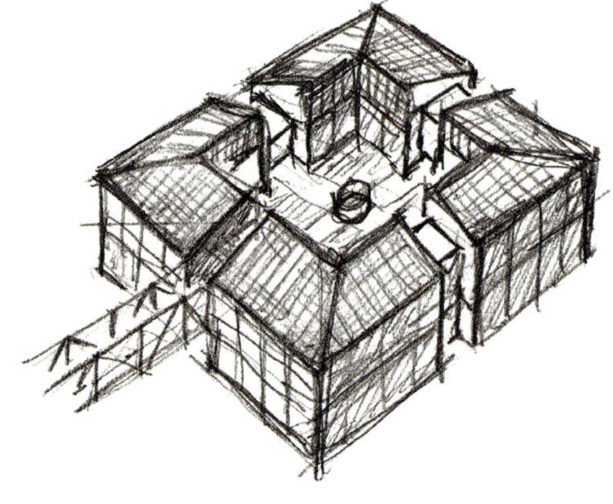

023 Sport & Freizeit
Maximilian Porzelt
Technische Universität Berlin
Prof. Klaus Zillich

041 um.denk.mal
Anna Felkel, Marc-André Nickel, Beatrice Prior
Brandenburgische Technische Universität Cottbus
Prof. Axel Oestreich

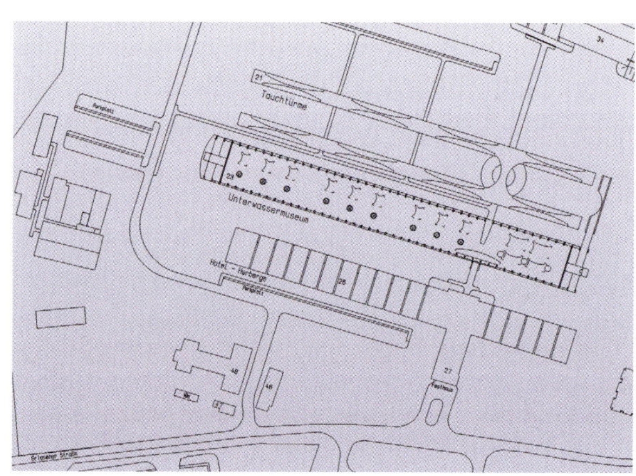

043 Luft zum Tauchen
Eugen Glotov
Brandenburgische Technische Universität Cottbus
Prof. Axel Oestreich

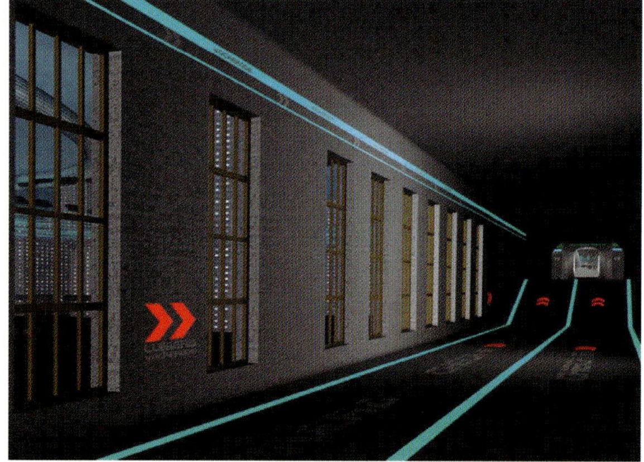

046 Lumera – Das reale Onlinespiel
Ludwig Gölling, Jan Konschel, Vincent Lange
Brandenburgische Technische Universität Cottbus
Prof. Axel Oestreich

055 The Will to Move
Lisa Beyer, Ines Deichsel, Lisa Dietz
Hochschule Anhalt-Dessau
Prof. Johannes Kister

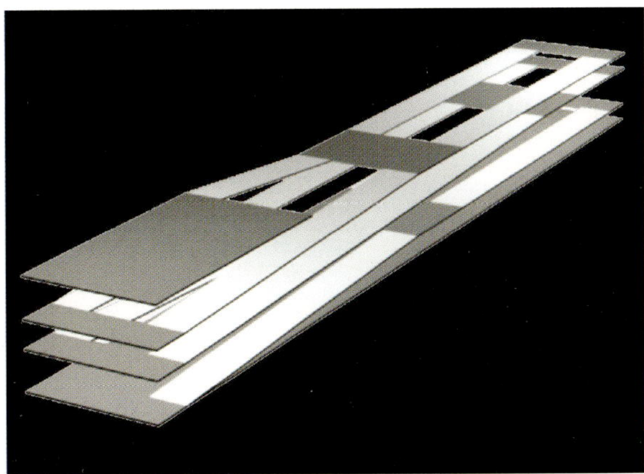

056 Sport- und Wellnesszentrum

Gina Holze, Michéle Wohlang
Hochschule Anhalt-Dessau
Prof. Johannes Kister

058 CubiNation

Stefanie Elflein, Denise Lieder, Franziska Schwabe
Hochschule Anhalt-Dessau
Prof. Johannes Kister

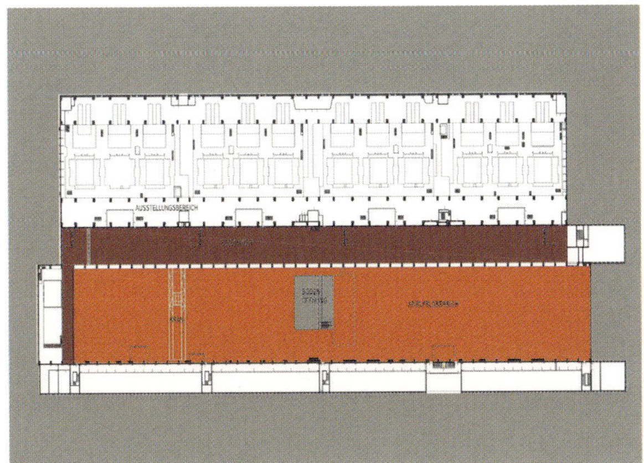

061 MoveClub

Rene Hiltmann, Sven Janott
Hochschule Anhalt-Dessau
Prof. Johannes Kister

062 Neuentdeckung des Körpers

Janet Fabricius, Anne Janzen, Aline Reichert
Hochschule Anhalt-Dessau
Prof. Johannes Kister

063 Deepdown

Christian Bartsch, Mario Lucas, Christian Pioch
Hochschule Anhalt-Dessau
Prof. Johannes Kister

064 Sportzentrum Vockerode

Enrico Kersten, Marco Müller, Melanie Schneider
Hochschule Anhalt-Dessau
Prof. Johannes Kister

067 Vitalizing Vockerode

Henriette Roederer, Manja Roscher
Hochschule Anhalt-Dessau
Prof. Johannes Kister

100 Elbsafari

Christof Täuber
Universität Stuttgart
Prof. Arno Lederer

123 Vockerode Wellness Resort

Robert Tait
Bauhaus-Universität Weimar
Prof. Karl-Heinz Schmitz

Großkraftwerk „Elbe", Kessel
Power Plant "Elbe", boiler

Teilnehmende Hochschulen
Participating Universities

Bauhaus-Universität Weimar

Brandenburgische Technische Universität Cottbus

Fachhochschule Potsdam

Hochschule Anhalt-Dessau

Technische Universität Dresden

Technische Universität Berlin

Universität Kaiserslautern

Universität der Künste Berlin

Universität Stuttgart

Universität Dortmund

Teilnehmerregister
Attendance Register

Großkraftwerk „Elbe", Treppenhaus
Large-Scale Power Plant "Elbe", staircase

Bildquellen Picture credits
Alexander Arnold 31
Andreas Brinkmann 25
Corinna Frick 24/47/69
Oliver Giese 11
Hans Achim Grube 9
David Haupt 95/125
Alexandra Sohn 126
Norbert Thormann 8 (rechts)
Anderhalten Architekten 12/13
Kraftwerk „Elbe", Firmenarchiv 15/17–21/23
Vattenfall Europe Berlin, Firmenarchiv 8 (links), 10
Laufwerk B Cover und Umschlag/4–9/14/16/22/26–30/126

© 2006 by jovis Verlag GmbH
Das Copyright für die Texte liegt bei den Autoren.
Das Copyright für die Abbildungen liegt bei den Fotografen/
Inhabern der Bildrechte.

© 2006 by jovis Verlag GmbH
Texts by kind permission of the authors.
Pictures by kind permission of the photographers/holders
of the picture rights.

Alle Rechte vorbehalten.
All rights reserved.

Herausgeber Editor
Hans Achim Grube

Ansprechpartner Contact
Vattenfall Europe AG
Bereich Immobilien
Chausseestraße 23
10115 Berlin

Hans Achim Grube
Telefon: 030 / 267 105 40
Telefax: 030 / 267 105 42
hans-achim.grube@vattenfall.de

Biq Standortentwicklung
und Immobilienservice GmbH
Griesener Straße 32
06786 Vockerode

Rüdiger Schmidt
Telefon: 034342 / 22632
Telefax: 034342 / 22540
ruediger.schmidt@biq.de

Konzept und Redaktion Concept and editing
Thorsten Dame
Hans Achim Grube
Philipp Latinak
Anita Schlögl

Übersetzung Translation
Lucinda Rennison, Berlin

Gestaltung und Satz Design and setting
Laufwerk B

Druck und Bindung Printing and Binding
Lokay Druck, Reinheim

Bibliografische Information Der Deutschen Bibliothek
Die Deutsche Bibliothek verzeichnet diese Publikation in der
Deutschen Nationalbibliografie; detaillierte bibliografische Daten
sind im Internet über http://dnb.ddb.de abrufbar.

Bibliographic information published by Die Deutsche Bibliothek
Die Deutsche Bibliothek lists this publication in the Deutsche
Nationalbibliografie; detailed bibliographic data are available
in the Internet at http://dnb.ddb.de

jovis Verlag
Kurfürstenstraße 15/16
10785 Berlin
www.jovis.de

ISBN 3-939633-00-6
ISBN neu 978-3-939633-00-6